Christian Münzberg (Hg.)
Musiktherapie in der Psychosomatik

Schriften aus dem
Institut für Musiktherapie
am freien musikzentrum münchen e. V.

Beiträge zur Musiktherapie Band 12

freies musikzentrum
münchen e. V.

Christian Münzberg (Hg.)

Musiktherapie in der Psychosomatik

17. Musiktherapietagung am
Freien Musikzentrum München e. V.
(28. Februar–1. März 2009)

zeitpunkt musik
Reichert Verlag Wiesbaden 2010

Umschlaggestaltung unter Verwendung des Bildes Nr. 05 aus der 13teiligen Serie:
„auf der alltäglichen Suche nach dem Glück“ (Aquarell auf Papier)
von Petra von Breitenbach, Wiesbaden 2009

Bibliografische Information der Deutschen Nationalbibliothek
Die Deutsche Nationalbibliothek verzeichnet diese Publikation in der Deutschen Nationalbibliografie;
detaillierte bibliografische Daten sind im Internet über http://dnb.ddb.de abrufbar.

Gedruckt auf säurefreiem Papier
(alterungsbeständig – pH 7, neutral)

Dr. Ludwig Reichert Verlag Wiesbaden 2010
www.reichert-verlag.de
ISBN-13: 978-3-89500-731-6

Printed in Germany

Inhalt

Musiktherapie in der Psychosomatik

Christian Münzberg

Vorwort

Das vorliegende Buch umfasst die Vorträge der 17. Musiktherapie-Tagung am Freien Musikzentrum München mit dem Thema „Musiktherapie in der Psychosomatik – Strukturbezogene Aspekte und musiktherapeutische Ansätze". Die Tagung fand am 28. Februar und 1. März 2009 in München statt.

Musiktherapie wird in der Psychosomatischen Medizin vor allem im stationären Rahmen seit vielen Jahren als kreativtherapeutisches und psychotherapeutisches Verfahren angeboten. Dennoch wird dies bisher in Fortbildungen und der Literatur wenig rezipiert. Daher hat das Institut für Musiktherapie am Freien Musikzentrum München dieses Arbeitsfeld in der diesjährigen Jahrestagung aufgegriffen. Die vielfältigen Diagnosen und Störungsbilder von Menschen in bio-psycho-sozialen Krisen, die in diesem Bereich anzutreffen sind, erschienen uns jedoch zu weitreichend, um sie an einer Tagung zusammenzufassen. Daher legten wir den Schwerpunkt weniger auf die beispielhafte Darstellung einzelner Krankheitsbilder und deren musiktherapeutische Behandlung, sondern auf strukturbezogene Aspekte und Ansätze in der Musiktherapie, die vielleicht einen grundlegenderen Zugang ermöglichen.

Der durch die frühe Psychoanalyse geprägte konfliktorientierte psychosomatische Ansatz zur Behandlung von Somatisierungs- und Konversionsstörungen wird zunehmend von komplexen Behandlungskonzepten psychotherapeutischer Medizin abgelöst, in denen psychodynamische und strukturelle Aspekte der Behandlung immer breiteren Raum einnehmen. Die oft ihrem Körper aus frühen Mangelerfahrungen in Spiegelung und Resonanz fremd gebliebenen oder aufgrund körperlich-seelischer Traumatisierung mit ihrem Körper unachtsam umgehenden Patienten suchen in den längerfristigen klinischen Aufenthalten oft sowohl nach Stabilisierung ihrer psychischen Grundstruktur als auch nach einem tieferen, beziehungsorientierten Verständnis für die Entstehung ihrer körperlichen Erkrankungen, Depressionen oder Ängste.

Die Musiktherapie bietet eine Vielzahl von methodischen Möglichkeiten an, um mit den Patienten subjektbezogene Zugänge zu der Verbindung körperlicher Symptome mit der beziehungs- und bindungsbezogenen biografischen Erfahrung zu finden. Einige davon werden exemplarisch anhand praktischer Beispiele, aber auch theoretisch fundierender Arbeiten vorgestellt.

Peter Heinz greift hierzu zunächst in einem Streifzug die historische Entwicklung stationärer psychodynamischer Konzepte auf, die zu den aktuellen beziehungsorientierten und integrativen Modellen führte. Dabei wird auch die Begriffsbildung von „Konflikt" und „Struktur" geklärt. Im Mittelpunkt der Betrachtung steht der Weg von der psychodynamischen Diagnostik zu daraus abgeleiteten, fokusbezogenen Interventionsstrategien im Rahmen eines multiprofessionellen Behandlerteams.

Die besondere Bedeutung der Beziehungsgestaltung gerade auch mit psychosomatischen Patienten greift Cornelia Tonn auf. Sie beschreibt die häufig auffallende Fixierung von Patienten auf ein harmonisch konfliktfreies Miteinander im Umgang mit der Gruppe und im Spiel. Als ein wichtiges Ziel in der Behandlung sieht sie die differenzierte Wahrnehmung persönlicher Beziehungsmuster im Zusammenhang mit einem vertieften Verständnis für die jeweiligen psychosomatischen Symptome. Anhand von Fallbeispielen stellt sie musiktherapeutische Interventionen dar, die in diesem Prozess hilfreich sein können.

Elisabeth Bock stellt ihren symbolisierend-körperbezogenen Ansatz vor, mit dem sie die „gelernte Form der Zuwendung" aufgreift. Die Zusammenschau von Körpersprache, musikalischem und verbalem Ausdruck kann dem psychosomatisch erkrankten Menschen ein ganzheitliches Selbsterleben eröffnen. In der symbolischen Darstellung eines Symptoms wird der persönliche Bezug zum anstehenden Thema (Organ, Person etc.) verdeutlicht und in dialogischer Form verbal und nonverbal vertieft. Dabei wird häufig ein Verständnis für die Hintergründe der Erkrankung erarbeitet und bewusste Selbstzuwendung eingeübt. Sie stellt dies anhand einer Vielzahl von Fallvignetten dar.

Eine sehr eindrucksvolle Präsentation des Aufbaus und der Ergebnisse einer viel beachteten und preisgekrönten Ausstellung trägt Stephanie Lahusen bei. Zum Thema „Der Klang meines Körpers – Kreative Wege aus der Ess-Störung" haben fünf betroffene junge Frauen zusammen mit ihrer Musiktherapeutin und einer Grafikerin eine interaktive Ausstellung über Ess-Störungen konzipiert und gestaltet. Sie zeigt auf sehr persönliche und emotional aufrührende Weise das schöpferische Potential der jungen Frauen und stellt dessen zentrale Bedeutung für die Prävention und Überwindung von Ess-Störungen heraus.

In Ergänzung zu dem Beitrag von Stephanie Lahusen wird ein Artikel von Dorothea Müller mit in den Tagungsband hineingenommen, obwohl sie nicht als Vortragende an der Tagung beteiligt war. Sie beschreibt nochmals den Ablauf der

Projektentstehung sowie die sehr intensiven Reaktionen sowohl von einzelnen Besuchern als auch der Öffentlichkeit im Rahmen der Wanderausstellung.

Mit der „Operationalisierten psychodynamische Diagnostik (OPD 2) stellt Günter Wolf ein Diagnosesystem vor, mit dessen Hilfe psychodynamische Ursachen von Erkrankungen erfasst und analysiert werden können. Über die Diagnose der Beziehungsdynamik, der inneren Konflikte und der psychischen Struktur des Patienten können mit Hilfe der OPD direkte psychotherapeutische Interventionen abgeleitet werden. Wolf zeigt auf, inwiefern diese Diagnostik helfen könnte, auch musiktherapeutische Interventionen vor einem psychodynamischen Hintergrund versteh- und im multidisziplinären Klinikteam kommunizierbar zu machen.

Abschließend greift Kristina Meyer einen spezifischen Aspekt von Gefühlsqualitäten in der Behandlung von psychosomatischen Patienten auf. Scham ist ein häufig handlungsleitender Affekt, der im Zusammenhang mit dem Merkmal der Verborgenheit im sozialen Kontext isolierend wirkt. In der Gruppendynamik erfordert sie daher besondere Aufmerksamkeit. Neben der Phänomenologie der Scham wird die Bedeutung der gestaltorientierten musiktherapeutischen Improvisation im Umgang mit diesem Gefühl erörtert.

In der Unterschiedlichkeit der theoretischen Modelle und der dennoch gleichzeitigen Gemeinsamkeit im subjektbezogenen Verstehen und musiktherapeutisch improvisatorischen Bearbeiten kontextueller Bezüge der hier vermittelten Ansätze erweist sich die Musiktherapie auch und gerade in der Psychosomatik erneut als eine äußerst potente therapeutische Zugangsweise, die über eine technische Methodik hinaus etwas Wesentliches im Verständnis bio-psycho-sozialer Ganzheit erfasst und für die Patienten erfahrbar macht. Die vorliegenden Arbeiten in diesem Band geben wertvolle Anstöße für die Herangehensweise im Patientenkontakt, aber auch einen Ausblick auf die weitere erkenntnistheoretische und wissenschaftliche Fundierung.

Die männliche oder weibliche Form wird im Bewusstsein um die jeweils einzubeziehende gegengeschlechtliche Form von den AutorInnen selbst gewählt.

München / Graz im Oktober 2009
Christian Münzberg

Entwicklungen in der stationären psychodynamisch orientierten Psychosomatik

Aspekte der Methodenintegration und der Anwendung differentieller Therapiestrategien

Peter Heinz

Einleitung

Der Titel der Tagung „Musiktherapie in der Psychosomatik“ thematisiert das Verhältnis von einem Teil (der Musiktherapie) zum Ganzen (die Psychosomatik). Um das Verhältnis von Teil und Ganzem geht es auch in diesem Vortrag. Das Ganze ist hier jedoch die Institution „stationäre Psychosomatik“. Anliegen des Autors ist es, eine Idee davon zu vermitteln, wie hier die einzelnen Teile des Therapieangebots möglichst differenziert zur Entfaltung gebracht werden können, andererseits aber eine Konzentration auf das Wesentliche in einem individuellen therapeutischen Prozess erreicht werden kann.

Kurzer historischer Abriss

Die Geschichte der stationären Psychosomatik beginnt 1927 mit der Gründung der „Psychoanalytischen Klinik“ in Berlin-Tegel durch Ernst Simmel. Diese Etappe ist seither mit dem Begriff der „Hotel-Psychotherapie“ verknüpft. Das Krankenhaus stellt hier einen geschützten Raum dar, der für eine bestimmte Patientengruppe notwendig und sinnvoll erschien, um einen intensiven psychotherapeutischen Prozess in Gang zu bringen. Unter dem Einfluss der gruppenanalytischen Bewegung, bereits kurz nach dem 2. Weltkrieg, setzte sich die Idee durch, dass auf der Station unter Mitpatienten eine „therapeutische Gemeinschaft“ entstehen sollte, in der sich neurotische Probleme „reinszenieren“, die durch das förderliche Umfeld jedoch auch zu einer Lösung gelangen können. Um den Rahmen der Einzeltherapie – damals eine unbestrittene Domäne der Psychoanalyse – zu schützen, unterschied das bipolare Modell (Enke 1965) zwischen einem „Therapieraum und einem Realraum“. In letzterem sollte insbesondere das Pflegeteam versuchen, einen überwiegend alltagsnormalen Kontakt zu den Patienten herzustellen. Die Station wurde somit zu einem Ort gezielten Ausprobierens und Erprobens der in der Therapie gewonnenen Einsichten. Die Vielfalt der Interaktionen im Stationsalltag, aber auch im Rahmen der unterschiedlichen therapeutischen Settings, führen je-

doch unweigerlich zu vielgerichteten Übertragungsangeboten zum Personal und zu Mitpatienten, die im ungünstigen Falle in Spaltungsprozesse mit unproduktiven Verwicklungen münden. Als Weiterentwicklung des bipolaren Konzeptes schlug Janssen vor diesem Hintergrund das „Integrative Konzept“ für die stationäre Psychotherapie vor (vgl. Janssen 1998), das dem therapeutischen Team nun eine deutlich wichtigere Stellung beimisst. Im positiven Falle verfügt ein Team über die Fähigkeit, sich als Resonanzboden für die konflikthaften und unzureichend integrierten intrapsychischen Prozesse des Patienten zu erleben und somit zu einem tieferen Verständnis der Psychodynamik zu gelangen. Stationäre Psychotherapie kann in diesem Zusammenhang als ein reflektierter Mehr-Personen-Interaktionsprozess beschrieben werden, in der eine zentrale Thematik des Patienten in dem zeitlich stark begrenzten Rahmen fokussiert behandelt wird.
Neben der Psychoanalyse erhoben zahlreiche andere psychotherapeutische Ansätze zunehmend eigenen Geltungsanspruch als wirksame Therapie und wollten nicht nur wie bisher Beiwerk im Realraum sein. Unter der Leitung von Paul L. Janssen wurde 1977 an der psychosomatischen Abteilung der Universitätsklinik Essen konzeptionell erstmals die Kunst- und Musiktherapie einbezogen. Seit den 80er Jahren sind diese ausdrucksbezogenen Therapieansätze wie auch Körpertherapien gewissermaßen Standards an psychosomatischen Abteilungen. Darüber hinaus bemühten sich „Psychodynamiker“ ab den 90er Jahren des letzten Jahrhunderts, verhaltenstherapeutische Elemente wie Selbstsicherheitstraining oder Angst-Exposition sowie systemisches Gedankengut, wie z. B. bestimmte lösungszentrierte Fragetechniken einzubeziehen. Als vorläufig letzte Etappe, vorwiegend in den vergangenen 10 Jahren, ist die Traumatherapie anzuführen, die seitdem zunehmend an Gewicht gewonnen hat.

In der zunehmend multimodalen stationären Psychotherapie ergänzen sich nun zahlreiche unterschiedliche therapeutische Ansätze idealtypisch wie die unterschiedlichen Stimmen in einem Orchester. Die Umsetzung dieser Art Polyphonie bedarf jedoch auch einer sehr viel stärkeren Koordination des therapeutischen Prozesses innerhalb eines Behandlerteams.

Aus heutiger Sicht fällt auf, dass dieses sogenannte „integrative Modell“ dem vorhandenen Methoden-Pluralismus noch sehr ungeniert mit dem Universalanspruch der Psychoanalyse begegnet. Eigenständige theoretische Positionen der verschiedenen Methoden werden darin nicht weiter vertieft.

Therapiekombinationen im stationären Bereich

Zunächst bietet sich die Unterscheidung von sequenziellen vs. simultanen Therapiekombinationen an. Beispiel für eine sequenzielle Kombination könnte hierbei die Aufeinanderfolge von einer zunächst stationären Behandlung, anschließend tagesklinischen und schließlich ambulanten Behandlung sein. Innerhalb der stationären Therapie kommen sequenzielle Kombinationen ebenfalls vor, beispielsweise wenn auf initial schwerpunktmäßig stabilisierende und übungszentrierte Therapiebausteine im Behandlungsplan schließlich mehr interaktionszentrierte Angebote vorgesehen werden. Kennzeichnend für den stationären Bereich ist jedoch die simultane Kombination der verschiedenen Bausteine. Von großer praktischer Bedeutung ist hierbei auch, ob die simultane Kombination innerhalb ein und desselben Settings oder in getrennten Settings erfolgt.

In Anlehnung an die Definitionen des wissenschaftlichen Beirats Psychotherapie lässt sich hier die Kombination von Verfahren, Methoden und Settings unterscheiden. Als Kombination von Verfahren wäre die simultane Anwendung der beiden grundlegenden, theoretisch umfassenden Therapieformen der psychodynamischen Therapie und Verhaltenstherapie zu verstehen. In die Nähe eines eigenständigen Verfahrens, wenngleich vom Wissenschaftlichen Beirat als solches nicht anerkannt, kommt sicher noch die Systemische Therapie.

Eine Kombination von Methoden bezieht sich hingegen auf die anwendungsbezogenen Konzepte, bspw. die Kombination von psychodynamischer Einzeltherapie mit Musiktherapie und Achtsamkeits-Meditation. Die Kombination von Settings bezieht sich hingegen auf den Therapierahmen, in dem die Verfahren angewendet werden, also z. B. stationäre / ambulante Therapie oder Gruppe-/ Einzel-Setting.

Wenn man Therapieangebote miteinander kombiniert, beeinflussen sich nicht nur die Wirkmechanismen der jeweiligen Methoden, sondern es kommt auf einer anderen Ebene der Betrachtung zu den bereits erwähnten vielgerichteten Übertragungsprozessen. Obwohl die bisherige empirisch-wissenschaftliche Datenbasis bezüglich der Wirkung von Therapie-Kombinationen äußerst spärlich ist (von Wietersheim 2008), geht man in der stationären Psychosomatik in der Regel von synergistischen Wechselwirkungen der Therapiekombinationen aus. Die zugrunde liegende Idee ist, dass sich infolge einer Ergänzung der Ansätze die Effektstärken addieren oder sogar potenzieren, weil etwas qualitativ Neues durch die Kombination entsteht. Solche Effekte sind zumindest wahrscheinlich (wenngleich unbewiesen), wenn eine stärker auf Selbstreflexion bezogene Methode (z. B. Einzelgesprächstherapie) mit einer stärker erlebnis- oder ausdrucksbezogenen Methode (z. B. Musiktherapie oder Konzentrativer Bewegungstherapie) kombiniert wird.

Durchaus denkbar sind jedoch auch antagonistische Wechselwirkungen zwischen den kombinierten Therapieangeboten. Die Psychotherapie-Richtlinien für die ambulante kassenärztliche Versorgung gestatten beispielsweise keine Kostenübernahme bei einer Kombinationen von Verhaltenstherapie und psychodynamischer Therapie, weil die beiden Verfahren infolge von differenten Störungsmodellen und Wirkmechanismen angeblich unvereinbar seien. Als Konsequenz einer unreflektierten Therapiekombination kann eine „Verwässerung“ der Behandlung entstehen, einhergehend mit einer Verwirrung bei Therapeuten sowie bei Patienten. Dies könnte z. B. passieren, wenn ein verhaltenstherapeutisch-übungszentriertes Selbstsicherheitstraining vom Therapeuten nicht hinreichend von der parallel angebotenen psychodynamisch-interaktionellen Gesprächsgruppe abgegrenzt wird. Das Ausmaß von entstehender Konfusion dürfte als besonders groß einzuschätzen sein, wenn der Wechsel gewissermaßen nahtlos innerhalb der laufenden Therapie vorgenommen wird, z. B. wenn der psychodynamisch arbeitende Gesprächstherapeut unreflektiert das Interventionsrepertoir des Körpertherapeuten einbezieht.

Broda und Senf (2000) haben für die Kombination von Therapiebausteinen ein Stufenmodell der Integration vorgeschlagen. Als Ausgangspunkt fordern sie ein Höchstmaß an Methodentransparenz im Sinne der Bereitschaft, die jeweils andere Methode inklusive der damit verbundenen Theorien, der klinischen Praxis und empirischen Belege des Behandlungserfolges kennen zu lernen.

Die Stufe 2 des Modells, die derzeit in der Praxis gängige Methodenkombination, erfordert, dass der Therapeut, wie in den obigen Beispielen illustriert, jederzeit auf der Basis maximaler Methodentransparenz registriert und vertritt, nach welchen Regeln und Grundannahmen er gerade arbeitet.

Stufe 3, die Methodenintegration, wird hier als eine theoretische Integration verstanden. Dieser Zielsetzung wird - etwas abschätzig – der pragmatische Eklektizimus als eine Praxis der Methodenkombination ohne eine innere Richtschnur in Form einer gemeinsamen Theorie gegenübergestellt. Methodenintegration in diesem engeren Sinne strebt beispielsweise die empirisch gestützte, schulenübergreifende „allgemeine Psychotherapie“ an, für die sich vor allem Klaus Grawe (vgl. Grawe 1995) sehr eingesetzt hat. In vielen Fragen bleibt das empirisch gesicherte Wissen dieses Modells jedoch deutlich hinter dem zurück, was die traditionellen Therapieschulen schon längst in ihrem Werkzeugkasten bereithalten. Gegenwärtig bleibt uns offenbar nichts anders übrig, als das Nebeneinander unterschiedlicher theoretischer Konzepte zu akzeptieren. Anstelle einer vorschnellen theoretischen Methodenintegration erscheint mir gegenwärtig die Erforschung von differentiellen Therapieindikationen und Therapiestrategien der verschiedenen Methoden als Erfolg versprechender (Fiedler 2001).

Praxis integrativer multiprofessioneller Arbeit in der stationären Psychosomatik

Jenseits von wissenschaftstheoretischen Fragen, wie sich unterschiedliche Konzepte aufeinander beziehen lassen, gibt es in einem therapeutischen Team die Notwendigkeit der Integration auf der Handlungsebene, für die sich ebenfalls Regeln und Anforderungskriterien feststellen lassen. Als Voraussetzung für eine erfolgreiche Teamarbeit möchte ich drei Aspekte unterscheiden:

1. Frei miteinander sprechen

Um anschaulicher zu werden, möchte ich auf die Metapher des Orchesters zurückkommen. In dem schwedischen Film „Wie im Himmel“ findet der Stardirigent Daniel Darius in einer tiefen Lebenskrise seine Bestimmung darin, die Leitung des kirchlichen Chores seines Heimatdorfes zu übernehmen. Die zum Teil kauzigen Chormitglieder wachsen über sich hinaus und finden „ihre Musik“, nachdem sie wieder an sich selbst und an eine gemeinsame Idee glauben. Die besten Therapieverläufe habe ich erlebt, wenn Mitarbeiter ihr kreatives Potential in der Arbeit mit den Patienten umsetzen und im Team den Raum finden, sich frei darüber auszutauschen. Die Botschaft lautet dann: Unabhängig von der Profession und der hierarchischen Stellung im Team ist jeder wichtig, kann jeder etwas beitragen, aber auch jeder muss sich anstrengen und sein Letztes geben.

Damit kombinierte Therapieangebote synergistische Wirkung entfalten, und sich nicht gegenseitig aufheben, sind nicht nur Theorien und Konzepte gefragt, sondern auch Kompetenzen des persönlichen Umgangs miteinander im Team. Hierzu bedarf es eines sehr geschützten Rahmens mit genügend Zeit für den freien Austausch, eine Atmosphäre gegenseitiger Wertschätzung mit fairem Geben und Nehmen, aber auch Ermöglichung des Austragens von Konflikten.

2. Eine gemeinsame Sprache finden

Frei miteinander sprechen führt zu Beliebigkeit, wenn wir keine gemeinsame Sprache und keine gemeinsamen Inhalte finden. Die integrative Arbeit im Team setzt Vereinbarungen darüber voraus, welche theoretischen Grundannahmen und Konzepte verbindlich gelten. Nur dann gelingt es, professionsübergreifend Ideen bezüglich Diagnostik und Therapieplanung effizient zu kommunizieren.

Beispielsweise vereinbarten wir in der Klinik St. Irmingard in Prien intern, die psychodynamische Diagnostik nach den Standards der OPD 2 (Arbeitskreis OPD 2006) durchzuführen. Da die meisten der stationär behandelten Patienten in der Psychosomatik strukturelle Defizite vor dem Hintergrund komplexer Traumatisierungen aufweisen, konzentrieren wir uns bei der psychodynamischen Therapie auf die manualisiert ausformulierten Konzepte der „Strukturbezogenen Psychotherapie“ nach Rudolf (2004) und der „Psychodynamisch Imaginativen Traumatherapie“ nach Reddemann (2008). Um mit diesen Konzepten auch stringent arbeiten zu können, entschlossen wir uns, hierzu umfassende Teamschulungen und im Verlauf methodenspezifische Supervisionen stattfinden zu lassen. Bewährt hat sich in der Klinik St. Irmingard auch ein seit etlichen Jahren fest etabliertes, Mitarbeitern und Zuweisern offenstehendes Fortbildungsprogramm zur Konsolidierung und Vereinheitlichung dieses Wissens-Fundus. Als zweite wichtige Maßnahme, um in unseren Teams eine gemeinsame Sprache zu etablieren, wurden klinikinterne Leitlinien formuliert. Diese beziehen sich z. B. auf die Fokusbildung, den Umgang mit Regeln und Grenzen (Sicherung eines verbindlichen Therapierahmens) und auf die häufigsten Störungsbilder.

3. Gemeinsame Inhalte finden

Erneut möchte ich das Orchester als Metapher für die Arbeit des therapeutischen Teams nutzen. Das Stück, welches das Orchester spielt (der therapeutische Prozess) hängt einerseits von der Instrumentierung ab (die eingesetzten Therapiemethoden), vor allem bedarf es jedoch einer zugrunde liegenden Komposition. Bei genauerer Betrachtung gewinne ich den Eindruck, dass die Komposition, um die es hier geht, nicht alles festlegen darf. Vielleicht eher wie in einer Jazz-Band muss es erhebliche Freiräume zur Improvisation geben. Aber auch in einem Jazz-Stück gibt es ein musikalisches Motiv, auf das sich die Musiker immer wieder beziehen – übersetzt in unsere Fachsprache wäre dies der Behandlungsfokus. Wichtige Funktionen des Fokus wären demnach,

1. Konzentration: aus der Fülle des Materials das Wesentliche zur Entfaltung zu bringen und „selektive Nichtbeachtung" anderer Themen, sowie

2. Integration: den Interventionen der verschiedenen Therapeuten im Team eine gemeinsame Orientierung zu geben (kommunikative Funktion).

Prinzipien der Fokusauswahl

Um einen Fokus als Leitmotiv für die Interventionen in den verschiedenen Therapiefeldern herausarbeiten zu können, lassen sich vier Perspektiven differenzieren, die jeweils eigenständige Aspekte beitragen können.

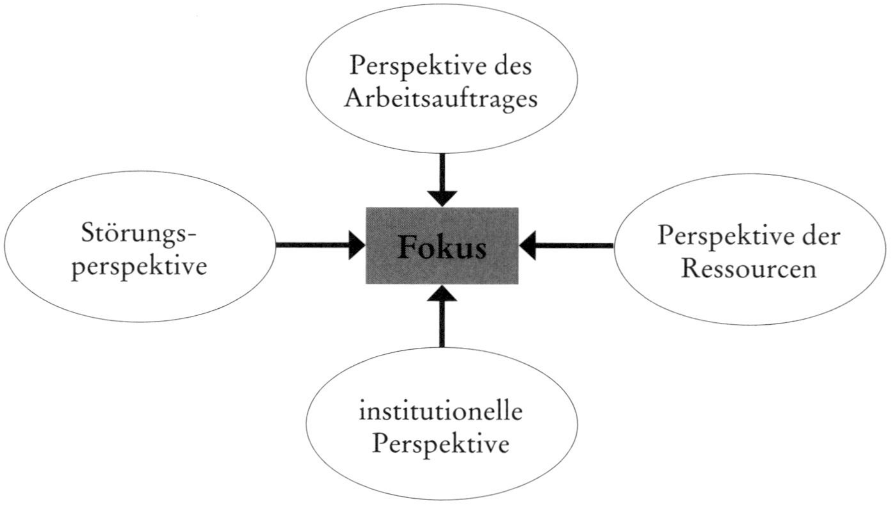

Abb. 1: Prinzipien der Fokusauswahl

1. Die Störungsperspektive

Während der Verhaltenstherapie in stärkerem Maße das Verdienst zufällt, störungsspezifisches Wissen gewonnen zu haben, liegt die Domäne der psychoanalytischen

Betrachtungsweise vor allem darin, eine individuelle Psychodynamik herauszuarbeiten. Da die psychodynamisch orientierte stationäre Psychosomatik immer auch als eine besondere Form der Kurzzeittherapie aufgefasst werden kann, waren seit den 60er Jahren verschiedene fokaltherapeutische Konzepte von großem Interesse (vgl. Leuzinger-Bohleber 1988). Auf der Basis der aktuellen Übertragung, der Biografie und Auslösesituation wird ein zentraler psychodynamischer Zusammenhang formuliert, um den herum sich die Deutungen des Analytikers organisieren.

Dieses sehr elegant anmutende fokaltherapeutische Konzept hat jedoch zwei Schwächen, die sich in der stationären Psychosomatik besonders deutlich niederschlagen:

1. Bei den in der Regel strukturell gestörten Patienten existiert nicht ein einzelner Fokus, der das Störungsbild wie ein „gordischer Knoten“ organisiert. Man könnte stattdessen von einem Cluster von mehreren Foki ausgehen, an denen angesetzt werden kann.

2. Bei der Pathogenese dieser komplexen Störungsbilder spielen nicht nur bewusste Konflikte, sondern auch strukturelle Defizite eine Rolle. Letztere fordern andere therapeutische Interventionen als Deutung.

Vor diesem Hintergrund stellt die von Rudolf und Grande (2006) formulierte „fokusbezogene psychodynamische Psychotherapie“ einen großen Fortschritt dar. Der Vorteil dieses Konzeptes besteht u. a. in seiner breiten Fundierung unter Einbezug der Affektforschung und Bindungsforschung. Vor diesem Hintergrund bildet es eine gute theoretische Basis, auch für die erlebnisbezogenen Psychotherapiemethoden (Körper -, Musik- und Kunsttherapie) und verhält sich „an den Rändern offen“ sowohl für traumatherapeutische als auch für verhaltenstherapeutische Ansätze (z. B. Skills-Training).

Auf der Basis der „Operationalisierten Psychodynamischen Diagnostik“ (in der aktuell vorliegenden OPD 2, 2006) verfolgt das Konzept die Idee, dass vor allem durch ein besseres „Matching“ zwischen der Art des Problems und der Art der Behandlung Fortschritte in der Psychotherapie zu erreichen sind. Es nimmt Abschied von der Vorstellung, dass alle Probleme mit ein und derselben Vorgehensweise (z. B. über Einsichtsvermittlung durch Deutung eines unbewussten Zusammenhanges) behandelt werden können. Stattdessen werden in viel stärkerem Maße differenzielle Kriterien für Interventions-Entscheidungen in Abhängigkeit vom OPD-Befund gesucht. Ist die Psychodynamik stärker durch unbewusste Konflikte geprägt, dann strebt der Therapiefokus an, einen Zugang zu dieser abgewehrten Seite zu gewinnen. Geht man psychodynamisch hingegen eher von einem Mangel an strukturellen Bewältigungsmöglichkeiten aus, bezieht sich der Therapiefokus stärker auf Aneignung der fehlenden Fertigkeiten (z. B. die Fähigkeiten, sich selbst zu beruhigen, überschießende Affekte zu kontrollieren oder sozial angemessener zu kommunizieren).

Konfliktorientierung		Strukturorientierung
Genese der Symptomatik: Etwas in dem Patienten „macht" den Wunsch, die Abwehr und die daraus resultierenden Kompromissbildungen		**Genese der Symptomatik:** Mangel an strukturellen Bewältigungsmöglichkeiten
Fokalziel: Zugang zur abgewehrten Seite, eigene Anteile an Konflikten besser wahrnehmen	↔	**Fokalziel:** Stabilisierung und Stärkung versagender Bewältigungsmöglichkeiten
Therapeutische Haltung: Reinszenierungen (begrenzt) zulassen, herausfordern, Eigenverantwortung zumuten		**Therapeutische Haltung:** Dynamik herausnehmen, strukturieren, Hilfestellung geben

Abb. 2: Fokusbezogene psychodynamische Psychotherapie (modifiziert nach Schauenburg 2007)

2. Die Ressourcen-Perspektive

Obwohl die OPD 2 gegenüber der vorherigen Fassung die Ressourcen des Patienten in stärkerem Maße einbezieht, ist nicht von der Hand zu weisen, dass sie sich primär für die dysfunktionalen Aspekte des Befundes interessiert. Es gibt jedoch gute Gründe für die Annahme, dass die Ressourcen des Patienten für die Wirkung von Psychotherapie eine noch größere Bedeutung haben, als die Störungsaspekte. Für die Bestimmung dessen, *was* in einer Psychotherapie verändert werden soll, sind die Probleme des Patienten der natürliche Bezugsrahmen. Für die Frage, *wie* die Probleme verändert werden können, sind die Ressourcen des Patienten aber wahrscheinlich wichtiger als seine Psychopathologie. Fürstenau (vgl. Kletter 1996) hat den stärker auf Verstehen ausgerichteten psychoanalytischen Ansatz mit der ressourcenbezogenen Vorgehensweise der systemischen Therapie verbunden – er sprach von einem bifokalen Arbeiten mit einem Krankheitsfokus und einem Lösungsfokus. Vor allem Grawe hat mit Unterstützung empirischer Daten den Nachweis angetreten, dass die Ressourcenaktivierung einen ganz zentralen therapeutischen Wirkfaktor darstellt (Grawe 1999). Auf der Prozessebene findet Ressourcenaktivierung dann statt, wenn positive Erfahrungen auf dem Gebiet der vier Grundbedürfnisse vermittelt werden:

1. Orientierung und Kontrolle
2. Bindung
3. Lustgewinn / Unlustvermeidung
4. positiver Selbstwert.

In der stationären Psychotherapie haben Ressourcen-Foki einen besonders hohen Stellenwert im Rahmen positiver Beziehungserfahrungen innerhalb der Stationsgemeinschaft, im besonderen Maße aber auch durch die ressourcenaktivierende Anwendung erlebniszentrierter Methoden.

3. Perspektive des Arbeitsauftrages

Stationäre Psychotherapie konzentriert sich immer auf jene Patienten, die ambulant noch nicht oder nicht mehr behandelt werden können. Viele Patienten werden beispielsweise von behandelnden Ärzten, Familienmitgliedern, Arbeitgebern oder Kostenträgern „geschickt" und haben zunächst scheinbar keine Eigenmotivation. Oft ist das subjektive Krankheitsmodell und dementsprechend auch das Änderungsmodell für die erlittenen Beschwerden nicht deckungsgleich mit den Vorstellungen der psychotherapeutischen Experten. Für die in der stationären Psychotherapie stark vertretene Gruppe, die auf den ersten Blick unmotiviert oder voller Widerstand gegenüber Veränderungen erscheint, hat sich die Herangehensweise der systemischen Therapie als sehr hilfreich erwiesen, die zunächst eine klare Erkundung des jeweiligen Anliegens vornimmt. Der Patient konstituiert sich in diesem Sinne im Dialog mit dem Therapeuten als „Experte für sein eigenes Leben". Der Arbeitsauftrag für die Therapie ergibt sich letztlich aus einem Aushandeln über das, was sowohl aus Sicht des Patienten als auch aus der Sicht des Therapeuten in der Therapie anstrebenswert und umsetzbar ist.

Um ein gemeinsames tragfähiges Arbeitsbündnis etablieren zu können, ist es wichtig, dass sich der Therapeut ein Bild davon macht, ob das Veränderungskonzept des Patienten primär auf Symptomreduktion abzielt, ob eine aktive und anleitende Unterstützung oder eher emotionale Entlastung gesucht wird bzw. ob eher reflektierend ein verbessertes Verständnis der Hintergründe der Probleme angestrebt wird (im Sinne des Veränderungskonzeptes des Pat. nach OPD 2 – Achse 1).

4. Institutionelle Perspektive

Bei der Bestimmung des Therapiefokus wird oft stillschweigend unterstellt, dieser sei ausschließlich von Aspekten des Patienten abhängig. Die Einflüsse der institutionellen Rahmenbedingungen auf den therapeutischen Prozess werden hingegen oft unterschätzt, was mitunter dazu führen kann, dass ein ungeeigneter Fokus gewählt wird. Beispielsweise wird es während eines einzelnen stationären Aufenthaltes aufgrund der allgemeinen Tendenz zur Verkürzung der Verweildauern immer schwieriger, komplexe Beziehungsdynamiken durchzuarbeiten. Der Fokus beschränkt sich dann notgedrungen auf stabilisierende Aspekte wie die Verbesserung des Selbstwertgefühls oder die Abgrenzungsfähigkeit. Therapeutisch schwerer zugängliche Übertragungsaspekte wie passiv-aggressives oder latent entwertendes Verhalten können oft nicht angemessen thematisiert werden. Aufgrund des gesellschaftlichen Drucks orientieren sich die Ziele psychotherapeutischer Behandlung heute stärker an messbaren Outcome-Kriterien. Einen Selbsterfahrungsprozess zum Zwecke einer inneren Neuorganisation anzustoßen, ist unter sozialrechtlichen Aspekten kein hinreichender Behandlungsauftrag – dies hätten wir wahrscheinlich vor 10 Jahren weniger scharf formuliert.

Als Vertreter einer Institution „stationäre Psychosomatik“ sind Therapeuten nicht nur den aktuellen gesundheitspolitischen Rahmenbedingungen ausgesetzt, sondern sie unterliegen selbst auch gesellschaftlichen Strömungen im Sinne eines „Zeitgeistes“, die sich bei der Fokusauswahl unter dem „Mäntelchen der Wissenschaft“ mitunter unreflektiert manifestieren. Beispielsweise ist unser Glaube an die kathartische Wirkung des Auslebens von Affekten deutlich geringer geworden, auch wird von vielen Kollegen heute eine stark konfrontierende und aufdeckende therapeutische Haltung (wie sie von Kernberg vertreten wird) viel skeptischer beurteilt als noch vor einigen Jahren.

Dass unser „Orchester“ in der Klinik St. Irmingard in den letzten Jahren durch einige neue Instrumente ergänzt wurde – Achtsamkeits-Meditation, QiGong, Stabilisierungsgruppe und in Kürze eine Skillsgruppe – liegt nicht nur daran, dass sich die zugewiesenen Patienten geändert haben, sondern auch, dass sich unsere Vorstellungen von dem, was wir als wesentlich und handlungsleitend erachten, gewandelt haben. Die Stücke, die wir heute spielen, klingen deutlich anders.

Literatur

Arbeitskreis OPD (2006): Operationalisierte Psychodynamische Diagnostik OPD2, Bern

Broda, M.; Senf, W. (2000): Transparenz, Kombination, Integration: Ein Stufenmodell zur Integration in der Psychotherapie. In: dieselben (Hrsg.): Praxis der Psychotherapie, 293-294, Stuttgart

Enke, H. (1965): Bipolare Gruppenpsychotherapie als Möglichkeit psychoanalytischer Arbeit in der stationären Psychotherapie. Z Psychother Med Psychol 15:116-121

Fiedler, P. (2001): „Störungsspezifisch“ versus „Allgemein“? PPmP Psychother Psychosom med Psychol 51: 406-412

Grawe, K. (1995): Grundriss einer Allgemeinen Psychotherapie. Psychotherapeut 40: 130-145

Grawe, K. (1999): Ressourcenaktivierung. Psychotherapeut 44: 63-73

Janssen, P.L. (1998): Struktur und Methodik der stationären Psychotherapie aus psychoanalytischer und verhaltenstherapeutischer Sicht. Psychotherapeut 43: 265-276

Kletter, M. (1996): Zur Notwendigkeit der Methodenintegration in der Psychotherapie. Psychotherapeut 41: 361-367

Leuzinger-Bohleber, M. (1988): Psychoanalytische Fokaltherapie. Prax Psychother Psychosom 33: 59-69

Reddemann, L. (2008): Psychodynamisch Imaginative Traumatherapie. PITT - Das Manual, Stuttgart

Rudolf, G. (2004): Strukturbezogene Psychotherapie, Stuttgart

Rudolf, G., Grande, T. (2006): Fokusbezogene Psychodynamische Psychotherapie – ein OPD-basierter Leitfaden. Psychotherapeut 51: 276-289

Schauenburg, H. (2007): Stationäre psychodynamisch-psychoanalytische Psychotherapie. Psychotherapie im Dialog 1 (8): 16-20

Wietersheim, J. von; Oster, J.; Munz, D.; Epple, N. (2008): Kombination von Settings und Verfahren in der Psychotherapie. Psychotherapeut 53: 424-431

„Das klang ja heute sogar harmonisch“ – Beziehungsgestaltung psychosomatischer Patienten in der Musiktherapie

Cornelia Tonn

Den erstaunten Satz eines Patienten oder einer Patientin „Das klang ja heute sogar harmonisch.“ wird wohl jeder und jede von uns Musiktherapeuten schon einmal gehört haben.

In der Musiktherapie sind wir ständig mit dem Spannungsfeld „Harmonie – Disharmonie“ konfrontiert. Die Patienten verwenden den Begriff „Harmonie“ oft als Bewertungskriterium, ob eine Improvisation gelungen ist oder nicht. Die Frage, *wie* die Musik denn genau geklungen habe, löst bei den Patienten eher Irritationen aus. Dass sich in der Improvisation auch Beziehungen darstellen und Beziehungsmuster erkennen lassen, erscheint ihnen zunächst befremdlich.

In meiner klinischen Tätigkeit bin ich diesen Fragestellungen und auch der diesbezüglichen Skepsis immer wieder begegnet. Während Patienten oft begeistert von „harmonischen“ Improvisationen sind, reagieren Kollegen eher kritisch auf Harmonie in der Gruppe – sie wittern Harmonisierung und Konfliktvermeidung. Für mich war es reizvoll, mich anhand des Tagungsthemas nochmals intensiver mit der Frage der Beziehungsgestaltung in der Musiktherapie unter dem Blickwinkel von Harmonie und Disharmonie zu befassen.

Beziehungsgestaltung als ein zentrales Thema in der Psychotherapie

Von allen wichtigen psychotherapeutischen Schulen wird interpersonelles Verhalten als ein wesentlicher Faktor bei der Entstehung und Aufrechterhaltung psychischer Störungen anerkannt (OPD 1996). Eine zentrale Grundlage dieses Ansatzes liegt in der psychoanalytischen Objektbeziehungstheorie. Sie beschäftigt sich mit der Verinnerlichung von zwischenmenschlichen Beziehungen sowie mit den Wechselwirkungen von inneren und zwischenmenschlichen Objektbeziehungen (Heigl-Evers 1994). Von hier ausgehend kam die Thematik der Beziehungsgestaltung zunehmend in den Fokus der Psychotherapie.

Insbesondere die psychodynamische Psychotherapie legt großen Wert auf die zentrale diagnostische Bedeutung der Beziehungsgestaltung des Patienten. Intrapsychische Konflikte und dysfunktionales Beziehungsverhalten stehen in dieser Sichtweise in direkter Wechselwirkung miteinander (OPD 1996). Sowohl die Beziehung zwischen Therapeut und Patient als auch die Beziehungen der Patienten miteinander, beispielsweise in einer Gruppentherapie, werden als zentrale Wirkfaktoren der psychotherapeutischen Behandlung gesehen.

Die psychoanalytisch-interaktionelle Psychotherapie legt ihren Fokus noch deutlicher auf die Interaktionen der Patienten. Insbesondere bei strukturell gestörten Patienten stellen sich die Schwierigkeiten vor allem in den Interaktionen dar. Da in der Einzeltherapie die Schwierigkeiten häufig ungreifbar bleiben, werden bei diesem therapeutischen Ansatz strukturell gestörte Patienten vorzugsweise in der Gruppe behandelt. Der Gruppentherapeut richtet seine hauptsächliche Aufmerksamkeit hier auf die Frage, wie der Patient in der Gruppentherapie seine Beziehungen und seine eigenen Affekte reguliert (Streek 2007). Diesen Aspekt halte ich in der Musiktherapie ebenfalls für zentral.

In der Musiktherapie wird das Thema der Beziehung durch das Medium Musik intensiviert und verdichtet. Im gemeinsamen Ausüben und Erleben von Musik bestehen vielfältige Möglichkeiten zur Kommunikation (Smeijsters 1994). Sowohl die nonverbale als auch die verbale Kommunikation kommen in der Musiktherapie zum Tragen und bieten die Chance, Beziehungsgestaltung auf den unterschiedlichen Ebenen zu inszenieren und so umfassender zu verstehen.

Der klinische Rahmen

Die Sonnenberg Klinik, in der ich seit fast vier Jahren als Musiktherapeutin arbeite, ist eine Fachklinik für analytische Psychotherapie und wurde 1967 gegründet. Sie hat 102 Betten und ist ein Plankrankenhaus im Fachbereich „Psychosomatische Medizin und Psychotherapie“. In der Regel können Versicherte aller gesetzlichen und privaten Krankenkassen eingewiesen werden. Die Rentenversicherungsträger kommen als Kostenträger nicht in Betracht.

Die Behandlung erfolgt auf der Grundlage der psychodynamisch orientierten Psychotherapie. Dies bedeutet, dass als wichtige Grundlage seelischer und vieler körperlicher Erkrankungen ungelöste Konflikte angesehen werden, die ihren Ursprung in der seelischen Entwicklung eines Menschen haben. Krankheitssymptome sind in dieser Sichtweise fehlgeschlagene Lösungsversuche dieser Konflikte (Konzept der Sonnenberg-Klinik auf der Homepage, www.sonnenbergklinik.de, vgl. auch Ermann 1997, Hofmann 2000).

Die meisten Patienten kommen zu uns aufgrund einer depressiven Symptomatik, häufig verbunden mit einer Persönlichkeitsstörung. Hinzu kommen manchmal noch eine Somatisierungsstörung oder Schmerzstörung.

Die Behandlung erfolgt integrativ, d. h. psychodynamische Psychotherapie, Sozialtherapie, Spezialtherapien, Behandlungspflege und somatische Medizin bilden ein Behandlungsnetzwerk.

Das Ziel der klinischen Behandlung unserer Patienten ist die Wiederherstellung der ambulanten Behandlungsfähigkeit.

Die Sonnenberg Klinik besteht aus 14 Abteilungen. Einige Abteilungen haben diagnostische Schwerpunkte (z. B. Essstörungen, Traumatisierungen, Angsterkrankungen), andere sind auf eine Altersspanne festgelegt (z. B. Adoleszente, zweite Lebenshälfte).

Die Spezialtherapien werden nicht individuell verordnet, sondern es gibt feste Zuteilungen. In jeder Abteilung ist in der Regel eine „körperorientierte“ und eine „kreative“ Spezialtherapie fester Bestandteil des Behandlungsplans.

Die Musiktherapie ist Bestandteil des Behandlungsplans in vier Abteilungen. Von diesen vier Abteilungen sind zwei heterogen zusammengesetzt unter der Bezeichnung „Allgemeine Psychosomatik“. In der dritten Gruppe liegt der Schwerpunkt der Behandlung auf der „Psychotherapie der zweiten Lebenshälfte“, wobei das Alter der Patienten ab 40 Jahren aufwärts geht. In der vierten Abteilung, der „Psychotherapie junger Erwachsener“ befinden sich Patienten im Alter zwischen zwanzig und dreißig Jahren. Hier geht es vorwiegend um Ablösungskonflikte vom Elternhaus.

In allen vier Abteilungen arbeite ich mit demselben spezialtherapeutischen Kollegen zusammen. Er bietet für die Gruppen Körper- und Bewegungstherapie an, insbesondere Qigong Yangsheng sowie Szenische Bewegungstherapie. Schwerpunktmäßig arbeitet er mit Familienaufstellungen und ergänzend mit gruppendynamischen Angeboten und Körperarbeit.

Fallbeispiele

Ich werde im Folgenden zunächst einige musiktherapeutische Sitzungen einer Gruppe psychosomatischer Patienten darstellen. Danach konzentriere ich mich in meiner Darstellung auf einen einzelnen Patienten, den ich sowohl im Rahmen einer Gruppe als auch in einigen Einzelsitzungen musiktherapeutisch behandelte.

Ein Gruppenverlauf

Die Gruppentherapie ist ein zentraler Bestandteil des therapeutischen Konzeptes der Sonnenberg Klinik. Die Patienten haben viermal in der Woche analytische Gruppe und dazu beide Spezialtherapien in der gleichen Zusammensetzung zweimal wöchentlich. Hinzu kommen in der Regel einmal wöchentlich eine analytische Einzelsitzung sowie Einzelkontakte bei der Sozialtherapeutin, in denen es vorwiegend um berufliche und soziale Themen, wie Arbeitsplatzkonflikte, Schulden o. ä. geht.

Die Gruppe, aus der ich einige Musiktherapiesitzungen schildern möchte, ist heterogen zusammengesetzt und entstammt einer der oben genannten Abteilungen „Allgemeine Psychosomatik und Psychotherapie“.

Die Patienten haben hier zweimal pro Woche 90 Minuten Musiktherapie in der Gruppe. Die Sitzungen gestalten sich in der Regel so, dass wir mit einer Befindlichkeitsrunde beginnen. Die Patienten haben hier die Möglichkeit, ihre Befindlichkeit einzubringen und auch ein Thema oder Anliegen zu formulieren, das sie in der aktuellen Sitzung bearbeiten möchten. Sollte sich aus der Anfangsrunde kein Thema ergeben, besprechen wir danach, wie die Sitzung gestaltet wird oder ich mache von mir aus einen Vorschlag für ein musiktherapeutisches Angebot.

Der Hauptaspekt, unter dem ich die folgenden Gruppensitzungen darstelle, ist die Frage, wie sich in dieser Gruppe die Beziehungsgestaltung der Patienten – vor allem im Rahmen der musiktherapeutischen Angebote – zeigt.

Die Gruppe setzte sich aus vier Frauen und drei Männern zwischen 40 und 52 Jahren zusammen. Von den Diagnosen her hatten vier Patienten eine kombinierte Persönlichkeitsstörung und einer eine sogenannte anhaltende somatoforme Schmerzstörung (vgl. ICD-10 1994). Zwei der sieben Patienten kamen vorwiegend wegen einer beruflichen Problematik zu uns. Sie zeigten eine eher reife, neurotische Struktur.

Die Gruppe war im Umbruch. Innerhalb von zwei Wochen hatten sich vier Patienten verabschiedet. Einer dieser vier Patienten verließ die Klinik vorzeitig. Das bedeutete für die Gruppe, die von der Zusammensetzung her über einen längeren Zeitraum stabil gewesen war, einen gravierenden Einschnitt. Ich beginne in der Sitzung, in der sich der letzte der vier Patienten verabschiedete.

Die gemeinsame Abschiedsimprovisation in dieser Sitzung ist sehr dicht. Es entsteht schnell ein gemeinsamer, tragender Rhythmus, auf den sich alle einlassen können. Die Dynamik ist moderat, der Tonraum bleibt begrenzt, es gibt kaum Dissonanzen.

Im Gespräch nach der Improvisation äußern die Patienten, dass sie dieses Spiel als berührend und tragend empfunden haben, *harmonisch* eben. Ich bin ebenfalls bewegt vom gemeinsamen Spiel und erlebe es so, als könne die Gruppe beim Abschied nochmals intensiv aufeinander hören und sich aufeinander einlassen. Es entsteht nicht der Eindruck, als würde das Gruppengefüge durch den Wechsel der Patienten übermäßig destabilisiert. Ich empfinde das gemeinsame Spiel zu diesem Zeitpunkt auch nicht als harmonisierend, sondern wirklich tragend und wohltuend. Mit diesem gemeinsamen Spiel wird die Abschiedsphase abgeschlossen. Danach spielen wir noch ein zweites Mal, wobei als Thema vorgeschlagen wird: Aufbruch, Neubeginn.

In der folgenden Sitzung wird ein Konflikt in der Gruppe zum Thema. Drei der Patienten waren sich außerhalb einer Therapiesitzung begegnet und Herr Müller[1] hatte aufgrund seiner Kampfsportausbildung den beiden anderen, Herrn Schreiner und Frau Schwer, etwas demonstriert, was diese als sehr bedrohlich empfunden hatten. In der Situation selbst konnten die beiden Patienten noch nicht reagieren, aber in der Folge kam es zu einer Auseinandersetzung zwischen den Patienten in der analytischen Gruppe. Herr Müller greift dieses Thema im Rahmen der Befindlichkeitsrunde bei mir nochmals auf. Er entschuldigt sich mehrfach für den Vorfall und verteidigt sich, da er sich von den anderen angegriffen fühlt. In der Therapie ist er sehr bemüht und auf Ausgleich bedacht, aber in verschiedenen Situationen außerhalb der Therapie brechen heftige Affekte durch und lösen bei den Mitpatienten, aber auch den Therapeuten Besorgnis aus. Es wirkt so, als seien seine aggressiven Affekte abgespalten.

Mein Angebot in der Sitzung ist, die drei Patienten miteinander spielen zu lassen, um die mit dieser Situation verbundenen Affekte spürbarer zu machen. Herr Schreiner geht an

1 Die Namen der Patienten wurden geändert.

die Pauke, Herr Müller an das Metallophon, Frau Schwer an die Röhrenglocken. Herr Müller ist beim Spielen sehr auf weiche Klänge bedacht. Es wird spürbar, dass er die beiden Mitpatienten musikalisch beschwichtigen möchte. Frau Schwer spielt die Röhrenglocken recht vorsichtig. Zwischendurch schlägt sie kurz auf die daneben hängenden kleineren Glocken, wodurch sie einen scheppernden Klang erzeugt. Bei Herrn Schreiner wirkt es anfangs so, als könne er seinen aggressiven Affekt beim Spiel an der Pauke zum Ausdruck bringen. Er nimmt sich jedoch dann musikalisch zunehmend zurück. Insgesamt dominiert in seinem Spiel eine düstere, bedrohliche Stimmung.

Im Gespräch nach der Improvisation äußern die meisten Patienten Erleichterung, dass die drei Betroffenen wieder zusammengefunden hätten und das Spiel am Schluss harmonisch geklungen habe. Nur eine Patientin, Frau Klein fühlt sich unwohl, weil sie den Eindruck hat, dass wieder etwas vermieden wurde, nämlich die Auseinandersetzung. Erst da teilen Herr Schreiner und Frau Schwer mit, dass sie sich beim Spielen zurückgehalten haben. Also mache ich den Vorschlag, eine zweite Improvisation anzuschliessen.

Herr Schreiner spielt nun sehr laut auf der Pauke, was dazu führt, dass Herr Müller aufhört zu spielen, sich abwendet und die Ohren verschließt. An diesem Punkt interveniere ich, indem ich die neben Herrn Müller stehende Conga näher zu ihm stelle und diese selbst mehrmals anschlage. Er versteht mein Signal und wechselt das Instrument, wodurch er sich besser hörbar machen kann.

Herr Schreiner wirkt beim lauten Spiel auf der Pauke sehr auf sich bezogen, er hat den Kopf gesenkt und die Augen geschlossen. Deshalb gehe ich zu ihm, berühre ihn leicht am Arm und gebe ihm den Impuls, sein Gegenüber, Herrn Müller, beim Spielen anzuschauen. Mir kommt es so vor, als ob er eher „in sich hinein spielt“ und meine Absicht bei der Intervention ist, dass er seine Gefühle mehr im Kontakt mit seinem Spielpartner auszudrücken lernt.

Das Thema „Macht – Ohnmacht“ spielt bei beiden Männern eine große Rolle und ist dann auch Inhalt des nachfolgenden Gesprächs. Herr Schreiner hat als Kind von seinem Vater viel Gewalt erlebt und berichtet, dass er Herrn Müller in der bedrohlichen Ausgangssituation so erlebte wie seinen Vater. Er fühlte sich dem Mitpatienten gegenüber ohnmächtig und konnte sich nicht äußern, geschweige denn sich wehren. Herr Müller tut sich schwer, mit seiner abgespaltenen Wut in Kontakt zu kommen. Er neigt in Konfliktsituationen eher zu Entschuldigungen und Beschwichtigungen. Für ihn war es eine gute Erfahrung, beim Spielen nicht aufzugeben, sondern durch den Wechsel des Instrumentes in die Auseinandersetzung hineinzugehen.

Es ist für beide Patienten ein Entwicklungsschritt, sich im Kontakt und sozusagen auf Augenhöhe auseinanderzusetzen, ohne in Starre oder Autoaggression zu verfallen.

Die Rolle der dritten Patientin, Frau Schwer, bleibt unklar. Sie selbst sagt, sie sei die Trittbrettfahrerin.

Um die Patienten noch mehr zur Wahrnehmung und Reflektion ihrer Beziehungsgestaltung anzuregen, mache ich in einer der folgenden Sitzungen den Vorschlag, dass sie sich zu zweit zusammenfinden und miteinander improvisieren könnten. Ich beziehe mich im Folgenden auf den Dialog zwischen Herrn Müller und Frau Braun.

Frau Braun ist eine neue Patientin, die vor allem wegen einer Schmerzsymptomatik zu uns kommt. In ihrer ersten Musiktherapie-Sitzung erlebte sie die lauten Klänge äußerst unangenehm, konnte sich aber in der zweiten Sitzung beim Spiel auf der Steeldrum bereits aktiver einbringen und selber laut werden. Sie sagt: “Mein Leben lang habe ich Rücksicht genommen und mich geduckt, das will ich jetzt nicht mehr. Vielleicht gehen dann auch meine

Verspannungen und Schmerzen weg, wenn ich laut werde." Beim Dialog mit Herrn Müller spielt sie wieder die Steeldrum. Ihr Spielpartner spielt die Congas mit Schlägeln. Zunächst stehen sich beide gegenüber, dann dreht Herr M. seiner Partnerin plötzlich den Rücken zu und schlägt deutlich lauter auf die Congas. Nach einer Weile geht er von seinem eigenen Instrument weg ebenfalls zur Steeldrum und spielt mit Frau B. zusammen auf deren Instrument. Sie nimmt alle Veränderungen scheinbar gelassen hin und verändert ihre Spielweise kaum.

Im Gespräch ist nun die Beziehungsgestaltung von Herrn Müller Thema. Deutlich wird sein abrupter Wechsel von Abgrenzung hin zu extrem viel Nähe. Er selber kann nicht verbalisieren, was ihn dazu brachte, seine Position zu verändern. Er kennt aber diese abrupten Wechsel und Extreme aus seinen Beziehungen. Er habe sich schon so daran gewöhnt, dass es ihm kaum noch auffiele. Das legt die Vermutung nah, dass sein Beziehungsmuster noch Ich-synton ist.

Zwei Stunden später wird die Beziehungsgestaltung von Herrn Müller erneut Thema. Zunächst bringt sich Frau Schmitt mit einer starken Anspannung und Unwohlsein in die Befindlichkeitsrunde ein. Sie steht kurz vor dem Abschluss der klinischen Behandlung und kam durch ein Thema in der analytischen Gruppe nochmals in Kontakt mit ihrer schwierigen Vergangenheit und den damit zusammen hängenden belastenden Gefühlen. Diese Patientin blieb nach meinem Eindruck während des ganzen bisherigen Aufenthaltes in der Musiktherapie auf Harmonie fixiert. In dissonanten oder chaotischeren Spielphasen fühlte sie sich sehr unwohl. Sie hatte aber andererseits auch schon angekündigt, in ihrer Abschiedsstunde selber einmal laut werden zu wollen. Nachdem sie nun ihre Wut über ihre Vergangenheit benennt, frage ich nach, warum sie eigentlich bis zur letzten Stunde mit ihrem lauten Spiel warten wolle? Mir käme es so vor, als dürfe das damit in Verbindung stehende Gefühl nicht wirklich Raum bekommen. Mit Unterstützung der Gruppe kann die Patientin nun sofort an die Pauke gehen und ihre Gefühle zum Ausdruck bringen. Deutlich wird ihre starke Ambivalenz: einerseits hat sie Sorge, die Pauke könne kaputt gehen, andererseits fürchtet sie, das laute Spielen nicht zu schaffen und hierbei zu versagen. Die Gruppe unterstützt sie musikalisch, was ihr das Spielen erleichtert.

Herr Müller erlebt sich bei dieser Improvisation als Opfer, nämlich als Stellvertreter für alle verhassten Ex-Ehemänner. Er spielt zwar mit, kann sich aber nicht mit der Gruppe verbünden, sondern hat eher den Impuls, sich zu schützen. Von einer Mitpatientin befragt, was er denn gern spielen würde, benennt er die Schlitztrommel. Er hat den Wunsch, mit Frau Klein und Herrn Schreiner gemeinsam zu spielen. Frau Schmitt fragt, ob sie auch mitspielen dürfe, was für Herrn Müller in Ordnung ist.

Herr Müller berichtet nach dem Spiel, er habe mit der Schlitztrommel seine weibliche Seite zum Ausdruck bringen wollen und sich beim Spielen in dieser Kleingruppe nun sehr wohl gefühlt.

Mich mutet dieses Dreier- bzw. Viererspiel wie eine Familienszene an: Frau Klein als Mutter, Herr Schreiner als Vater, Herr Müller als Kind. Als ich meine Idee äußere und Herrn Müller nach Geschwistern frage, berichtet er, dass er noch eine acht Jahre ältere Stiefschwester habe. Vielleicht hat Frau Schmitt dies intuitiv erspürt, als sie nachfragte, ob sie auch mitspielen dürfe. Herr Müller kann mein Bild der Familie aufnehmen und berichtet, dass er als Kind eher sensibel und verträumt war, auch gern alleine spielte. Er habe viele weiche Seiten, tue sich aber noch schwer, seine verschiedenen Anteile und damit auch die abgespaltene Wut zu integrieren. Er scheint aber nun bereit zu sein, sich tiefer auf den Prozess einzulassen, da er intuitiv seine Familienkonstellation musikalisch und auch szenisch darstellte.

Die geschilderte Gruppe war in der Musiktherapie insgesamt aktiv und lebendig. Die Gruppenkohäsion entwickelte sich nach der anfänglich großen Fluktuation schnell wieder neu. Die Gruppe wurde von den Einzelnen vor allem unterstützend erlebt. Zurückhaltender waren die Patienten in der Auseinandersetzung miteinander. Häufiger wurden Beziehungsthemen von außen eingebracht (Eltern, Ex-Mann, Ehemann, Kinder). Das Bedürfnis nach Harmonie in der Musik wurde immer wieder thematisiert. Vor allem für zwei Patientinnen dieser Gruppe war Harmonie sehr wichtig. Beide hatten in ihrer Vergangenheit eine extrem schwierige, sadomasochistische Partnerschaft erlebt.

Eine dieser beiden Patientinnen, *Frau Schmitt*, zeigte über eine lange Zeit vor allem ihre Fassade in der Gruppe und betonte wiederholt, wie wichtig Harmonie für sie sei. Die Harmonisierung wurde bei ihr am deutlichsten spürbar. Erst gegen Ende ihres Aufenthaltes konnte sie sich etwas von ihrer Fixierung lösen. Dann bekam sie fast nicht genug vom Spiel auf der Pauke. Dieses wirkte auf mich nicht unbedingt wütend, sondern eher wie eine Befreiung. Die Solidarität der Gruppe war hier sehr gut zu spüren. Frau Schmitt hat ihre Behandlung inzwischen beendet. Sie sagte zum Schluss, dass sie sich erst gegen Ende habe wirklich einlassen können.

Bei *Herrn Schreiner* gestaltete sich der weitere Verlauf schwierig. Das Trommeln war für ihn wichtig, hierbei konnte er sich von seinen schwierigen Themen und Belastungen distanzieren. Was seine Schmerzsymptomatik und die frühen Erfahrungen mit dem Vater anging, entwickelte sich eine Blockade. Die Art und Weise, wie er immer wieder seine Themen einbrachte, hatte etwas Quälendes und er geriet zunehmend in einen regressiven Sog. Im Team entstand der Eindruck, dass der sekundäre Krankheitsgewinn bei ihm wohl recht hoch war und er deshalb kaum eine Veränderung zulassen konnte.

Herr Müller war zunächst recht gehemmt in seinem Ausdruck, brachte sich vorwiegend über sanfte Klänge ein und reagierte abwehrend auf dynamischere Spielphasen. Im Dreierspiel war es ihm erstmals möglich, selbst lauter zu werden. Im Zweierspiel zeigte sich seine Beziehungsgestaltung in Bezug auf Frauen recht deutlich. Beim von Frau Schmitt initiierten lauten Spiel der Gruppe erlebte er sich zunächst noch als Opfer, indem er sich mit Frau Schneiders Ex- Mann identifizierte. Danach konnte er seine Familie in Szene setzen und so einen wichtigen Teil seiner Biographie spürbarer machen. Deutlich wurde hierbei seine unsichere Identität als Mann. Er fühlte sich zunächst stellvertretend angegriffen und spielte dann in der zweiten Improvisation seine „weibliche Seite“. Dies hatte auch mit seinem Vater zu tun, der ihn hart erzogen hatte, obwohl (oder weil) er selbst ein weicher Mensch war. Im weiteren Verlauf beschäftigte er sich intensiver mit seinen verschiedenen Persönlichkeitsanteilen und benannte als Wunsch, diese mehr zusammenzubringen und seine Mitte zu finden.

Insgesamt erweiterte diese Gruppe ihr Klangspektrum und konnte Dissonanzen und Lautstärke nicht nur aushalten, sondern zunehmend aktiv gestalten.

Ein Einzelverlauf

Herr Pfeifer ist ein Patient Ende Zwanzig, der zum zweiten Mal bei uns in der Klinik ist. Er studiert bereits seit mehr als zehn Semestern ein naturwissenschaftliches Fach, hat aber seit ca. zwei Jahren aufgrund von zunehmenden Panikattacken mit Kopfdruck, Bauchschmerzen und Diarrhoe kaum noch den Hörsaal aufsuchen können.

Seine Diagnose lautet: Mittelgradige depressive Episode, generalisierte Angststörung auf dem Boden einer langjährigen sozialen Phobie sowie Somatisierungsstörung vor dem Hintergrund einer protrahiert verlaufenden spätadoleszenten Ablösungs-, Selbstwert- und Identitätsproblematik bei kombiniert gestörter Persönlichkeitsentwicklung mit zwanghaften, narzisstischen und emotional instabilen Anteilen (vgl. ICD-10 1994).

Da bei diesem Patienten die Somatisierungsstörung eine zentrale Rolle spielt, interessiert mich neben der Thematik der Beziehungsgestaltung vor allem die Frage, ob bei ihm ein Zusammenhang zwischen seinen Körpersymptomen und vermutlichen Schwierigkeiten im affektiven Ausdruck bestehen könnten.

In der Gruppe zeigt Herr Pfeifer häufig seine rationalisierende und intellektualisierende Abwehr. Er kann detailliert und manchmal auch umständlich seine Symptome, sein Verhalten, seine Problematik erklären, ohne dass bei ihm eine Gefühlregung spürbar würde. Eine Mitpatientin sagte zu ihm gleich in der ersten Stunde: „Du laberst zuviel!“

In seinen musikalischen Äußerungen bleibt er zunächst blass, was wohl symptomatisch ist für die Diffusität seiner Affekte.

Seine Gefühle zeigt er eher über seine Symptomatik, zum Beispiel durch Übelkeit und Bauchbeschwerden. Diese Beschwerden scheinen Ausdruck seiner frühen Bindungsstörung mit anhaltender sozialer Ängstlichkeit zu sein. Die Vermutung des therapeutischen Teams ist, dass bei ihm neben einem ausgeprägten Autoritätskonflikt eine sog. „Frühstörung“ vorliegt. Da Herr Pfeifer sich schwer tut, mit seinen Affekten in Kontakt zu kommen, besteht ein vorrangiges Ziel darin, ihm dies zu ermöglichen.

Ich greife eine Sitzung heraus, um eine musiktherapeutische Intervention zu beschreiben, die ich gerne anbiete, um diffus erscheinende Affekte zu klarifizieren und spürbarer werden zu lassen.

Herr Pfeifer schildert in der Befindlichkeitsrunde seine Ängstlichkeit, die ihm zunehmend bewusst werde, aber noch diffus bleibe. Ich mache ihm in dieser Sitzung das Angebot, die verschiedenen Empfindungen, mit denen seine Ängstlichkeit einhergeht, musikalisch darstellen zu lassen. Dies sind: Anspannung, Kälte, eine Alarmglocke und ein unterschwelliges Gefühl (Unbehagen). Er wählt hierfür Streichpsalter, Röhrenglockenspiel, Obertonflöte und Klangschale aus und bittet vier Patienten, diese Instrumente zu spielen. Die betreffenden Patienten suchen sich davon jeweils eines aus. Herr Pfeifer lässt die Vierergruppe spielen und dirigiert die Spieler so, wie es seinem Impuls entspricht. Vor allem der Streichpsalter soll sehr schräg und kratzend gespielt werden, die betreffende Patientin wird mehrmals animiert, die Töne noch schräger und lauter zu spielen.

Während Herr Pfeifer mit den Klängen beschäftigt ist, verändert sich sein Gesichtsausdruck und er bekommt feuchte Augen. Im nachfolgenden Gespräch über das Spiel sind dem Patienten seine direkten Gefühle weiterhin wenig zugänglich. Er kann aber formulieren, dass der Klang, der für die Anspannung steht, bei ihm am meisten Resonanz auslöst.

Ich lasse die Patienten meist als nächsten Schritt selber das Instrument spielen, das sie am meisten ansprach. Dies ist in dieser Sitzung nicht möglich, da ein anderer Patient durch die gespielten Klänge extrem unter Spannung kommt, so dass wir uns ihm zuwenden.

Am Ende der Sitzung entscheide ich mich, Herrn Pfeifer ein stabilisierendes Angebot zu machen. Er hat die Möglichkeit, sich ein Instrument auszusuchen, das für ihn einen Gegenpol zur Angst darstellt und dieses zu spielen. Er wählt hierzu den Kontrabass. Dieser ist für ihn verbunden mit kubanischem Lebensgefühl und Leichtigkeit und es ist für ihn wohltuend, die tiefen Klänge anzuzupfen. Der Kontrabass ist für diesen Patienten von Anfang an sehr reizvoll gewesen. Bereits bei seinem ersten Aufenthalt weckte dieses Instrument sein besonderes Interesse. Es war für ihn damals jedoch schwierig, sich vom eigenen Leistungsgedanken zu lösen. Herr Pfeifer wollte von mir daher zunächst wissen, wie man dieses Instrument „richtig" spiele. Ich gab ihm einige Hinweise hierzu. Nun, beim zweiten Aufenthalt scheint dies nicht mehr so wichtig zu sein. Herr Pfeifer hat mehr Sicherheit und kann selber mit dem Instrument experimentieren.

Im weiteren Verlauf entsteht die Überlegung im Team, dem Patienten zusätzlich zur Gruppe Einzelsitzungen anzubieten und in diesem Rahmen die Klangliege zum Einsatz kommen zu lassen. Unsere Überlegung hierzu ist, ihn auf einer frühen, körpernahen Ebene zu erreichen und ihm eine nachnährende Erfahrung zu ermöglichen. Mein Impuls im Zusammenhang mit Herr Pfeifer war schon öfter gewesen, mehr nonverbal mit ihm zu arbeiten, da er in seinem verbalen Ausdruck wenig spürbar wird.

Er ist nun bereit, sich einzulassen, was für ihn vor dem Hintergrund seiner rationalisierenden Abwehr einen großen Schritt darstellt.

In der ersten Sitzung mit der Klangliege äußert er zunächst die Befürchtung, so viel Nähe gar nicht auszuhalten. Es sei ihm unangenehm, dass ich für ihn und quasi auch „an ihm" spiele. Er sei aber trotzdem bereit, es auszuprobieren. Der Raum muss etwas verändert und die Liege verschoben werden, so dass er sich geschützter fühlt. Während meines Spieles erlebt er den Klang der Klangliege so, als würde etwas auf ihn zukommen, was weder positiv noch negativ ist, sondern eher neutral. Er spürt wiederholt körperliche Reaktionen, als würden Wellen durch seinen Körper fließen. Seine Hände und Füße, die anfangs kalt waren, werden im Lauf der Zeit warm. In der zweiten Sitzung mache ich den Vorschlag, dass er nach dem Erleben auf der Klangliege ein Bild malt, bevor wir über das Erlebte sprechen. Ich möchte ihm eine Erfahrung ermöglichen, die eine Brücke zwischen dem Körpererleben und dem Verbalen darstellt. Er malt wieder den Kontrabass, den Korpus in blau und das Griffbrett in rot.

Ich erlebe mich ihm gegenüber in meiner Gegenübertragung in einer mütterlichen Rolle und kann mich ihm emotional zuwenden. Auf meine Nachfrage, wie er die Nähe zu mir erlebte, sagt er, er habe mich komplett vergessen und sich nur auf den Klang konzentriert. Dies zeigt, dass er mich als weibliche Therapeutin noch ausblendet, da er sonst die Nähe zu mir wohl nur schwer aushalten würde. Es bräuchte wahrscheinlich einen längeren Prozess, damit er sich noch direkter und personaler einlassen könnte. Trotzdem spüre ich einen deutlichen Unterschied zwischen seiner Beziehungsgestaltung in der Gruppe und in der Einzeltherapie. In der Gruppe habe ich zeitweise Mühe gehabt mit seiner intellektualisierenden Abwehr, da sie häufig auch mit Provokationen und Entwertungen verbunden war. Im Einzelkontakt wirkt er deutlich weicher und zugänglicher und zeigt auch eine durchaus charmante Ausstrahlung, die in der Mutterübertragung auf mich spürbar wird. In den Einzelsitzungen ist es möglich, einen anderen Anteil seiner Problematik aufzugreifen und vor allem mit der Somatisierungsstörung auf einer körpernahen, nonverbalen Ebene zu arbeiten. In der Gruppe kann der Patient sich im weiteren Verlauf auch differenzierter einbringen und zeigt sich vor allem im gemeinsamen Spiel deutlich kommunikativer.

Im Team gab es entsprechend der Spaltungsmuster heftige Auseinandersetzungen in Bezug auf den Patienten. Einerseits wurde eine mütterlich-haltende Position vertreten, andererseits eine väterlich-konfrontative, strenge Seite. Es blieb über weite Strecken schwierig, diese beiden Positionen im Team zu integrieren. Durch das gemischte Einzel- und Gruppensetting in der Musiktherapie wurde es mir möglich, beide Seiten bei ihm zu erleben und so einen Beitrag zur Integration der verschiedenen Persönlichkeitsanteile bei dem Patienten zu leisten.

Herr Pfeifer spürt im weiteren Prozess zunehmend seine Sensibilität und seine Ängste, kann aber auch Schritte hin zu einer Veränderung auf der Realitätsebene machen: Er entscheidet sich, sein Studium abzubrechen und sich beruflich in eine andere Richtung zu orientieren. Es wird ihm wichtiger, Kontakte zu vertiefen. Auch der Wunsch nach einer Partnerschaft wird für ihn Thema.

Beim letzten Gespräch berichtet er auf meine Nachfrage nach seinen körperlichen Beschwerden, dass diese zurückgegangen seien, er nun aber seine Ängste deutlicher spüren würde. Am Ende der Behandlung ist auf der Realitätsebene noch vieles offen, z. B. hinsichtlich seiner berufliche Entwicklung, aber in seiner psychischen Entwicklung hat der Patient wichtige Schritte vorwärts gemacht.

Beziehungsgestaltung und hilfreiche musiktherapeutische Interventionen

Aspekte der Beziehungsgestaltung

Beziehung der Patienten zu sich selbst

Kommen Patienten mit psychosomatischen Symptomen zu uns in die Klinik, so haben sie die Erfahrung gemacht, dass die ‚Harmonie' ihres Körpers aus dem Gleichgewicht geraten ist. Dies führt häufig zu einer gravierenden Verunsicherung, da sich organisch in den meisten Fällen keine Ursache feststellen lässt. Die Betroffenen haben oft das Gefühl, sie würden sich ihre Beschwerden einbilden oder als verrückt gesehen.

Viele psychosomatische Patienten haben den Bezug zu sich selbst, zu eigenen Gefühlen, Wünschen und Bedürfnissen verloren. Sie erleben sich häufig primär über ihre Symptome, die ihnen lästig sind und gegen die sie ankämpfen. Dass sie hierdurch gegen einen Teil von sich selbst ankämpfen, ist ihnen oft nicht bewusst. Wichtige Schritte sind dann Selbstzuwendung und Selbstfürsorge, auch auf sich selbst zu hören und sich nicht immer nur anderen anzupassen.

Beziehung der Patienten untereinander in der Gruppe

Die Gruppe wird von den Patienten zunächst meist wie eine Zwangsgemeinschaft erlebt und der Sinn der Gruppentherapie erschließt sich ihnen manchmal erst nach einer Weile. Oft ist das erste Bestreben, nicht aufzufallen, nicht anzuecken, eine Gruppenharmonie herzustellen. Dass es in einer Gruppe darum geht, sich Beziehungsmuster bewusst zu machen, um diese auch verändern zu können, ist für die Patienten anfangs fremd. So werden beispielsweise in der anfänglichen Befindlichkeitsrunde immer wieder Symptome angesprochen (Schlafstörungen, Schmerzen, Erkältungen etc.) und der Beziehungsaspekt dieser Symptome muss erst erspürt und herausgearbeitet werden. Die Gruppe kann als Erfahrungsraum dienen, eigene Beziehungsmuster besser kennen zu lernen, aber auch als Übungsfeld, neue Verhaltensweisen probehandelnd zu erfahren.

Beziehung der Patienten zu mir als Therapeutin (Übertragung/Gegenübertragung)

Das therapeutische Team besteht in der Regel aus fünf Personen (Bezugstherapeut, Bezugsschwester, Sozialtherapeutin, zwei Spezialtherapeuten). Die Patienten haben in diesem Beziehungsgeflecht die Möglichkeit, ihre familiäre Situation zu reinszenieren und dadurch nachzuerleben. Ich bin ein Teil dieses Teams und stelle mich insofern als eine Übertragungsfigur für die Patienten zur Verfügung, die bestimmte Rollen auf mich projizieren. Entscheidend ist hierbei auch, wie ich mich selbst als Therapeutin einbringe und ob es für mich möglich ist, Beziehungsverwicklungen mit den Patienten zu reflektieren und zu klären. In unserem Team habe ich eine andere Rolle als mein spezialtherapeutischer Kollege, der sehr viel direktiver und manchmal auch provozierender arbeitet als ich. Ich trete demgegenüber eher gewährend und zurückhaltender auf, was bei den Patienten eine andere Dynamik in Gang setzt. Ich bekomme dadurch manchmal die Rolle der zurückhaltenden Mutter, die zu wenig präsent ist. Anhand des Erlebens der Patienten kann die jeweilige Beziehungsdynamik mit den Patienten reflektiert und zum Beispiel in einem Dialogspiel bearbeitet werden. Ich mache mich somit im Sinne des therapeutischen Antwortens spürbar und kann den Patienten eine Neuerfahrung ermöglichen, sich mit mir als stellvertretender Mutterfigur auseinandersetzen zu können, was mit der realen Mutter oft unzureichend möglich war.

Beziehung der Patienten zur Musik und zu den Instrumenten

Im Umgang mit den Instrumenten dominiert anfangs oft Verunsicherung, aber auch Spiel- und Experimentierfreude. Bei vielen Patienten ist der Leistungsdruck zunächst hoch und es braucht Zeit und Vertrauen, diesen etwas zu lockern und einen spielerischen Zugang zu Musikinstrumenten zu entwickeln. Etwas auszuprobieren erscheint manchen Patienten als unüberwindliche Hürde. Sie haben den Anspruch, dass ihr Spiel von Anfang an perfekt sein muss. Das experimentelle Spielen klingt für sie schrecklich. Ihr eigenes Spiel passt nicht zu den anderen, stört oder ist kaum zu ertragen.

Die persönliche Vorerfahrung in Bezug auf Musik spielt hier eine große Rolle. In der ersten Musiktherapiesitzung frage ich neue Patienten nach den Erfahrungen, die sie in ihrer Vergangenheit und speziell in ihrer Kindheit mit Musik gemacht haben, um das Bewusstsein für diese Thematik zu schärfen.

Manchmal ist ein leichterer Einstieg über ein rezeptives Angebot möglich. Die Patienten können beispielsweise ein Musikstück mitbringen, das für sie eine wichtige Bedeutung hat und das wir dann gemeinsam anhören. Auch hier wird die Beziehung der Patienten zu „ihrer" Musik und deren Bedeutung spürbar.

Häufige Beziehungsmuster unserer Patienten

Hier eine Auflistung von Beziehungsmustern, wie ich sie bei unseren Patienten oft erlebe:

- Sozialer Rückzug, Isolation, immer wieder auftretend bei Kränkungen und Enttäuschungen, bei Konflikten
- Harmonisierung, Konfliktvermeidung
- Abhängigkeit, fehlende Autonomie, Ablösungsschwierigkeiten, Angewiesensein auf andere für die Selbstregulierung
- Schwierigkeiten im Spüren und Ausdrücken von Affekten
- Übertriebene Leistungsorientierung, übermäßig hohe Ansprüche, durch Leistung wird der Selbstwert bestimmt
- Kaum Kontakt zu eigenen Wünschen, Bedürfnissen und Gefühlen, diese werden nicht gespürt bzw. verleugnet.

Hilfreiche musiktherapeutische Interventionen

Als musiktherapeutische Interventionen erscheinen mir folgende Spielangebote als besonders hilfreich:

- Klangteppich (Strukturierung, positive Klangerfahrung)
- Durcheinander – Miteinander (Gruppendynamik, Regulation der Gruppe)
- Einzelspiel mit Begleitung der Gruppe (Gefühlswahrnehmung, Gruppenkohäsion)
- Solo – Tutti (Spiegelung, Wahrnehmung der Gruppenresonanz)
- Kontraste spielen (Umgang mit Spannungen)
- Spiel in Untergruppen, z. B. laut – leise (Regulation von Affekten)
- Klangbilder, z. B. Gewitter (Spannungs- und Affektregulation)
- Szenische Darstellung mit Hilfe der Gruppe (Identifikation mit Rolle oder Affekt, Förderung von Empathie)
- Zweier-/Dreierspiel (Wahrnehmung eigener Beziehungsgestaltung)
- Gruppenaufstellung mit Instrumenten (Nähe – Distanzregulation)
- Wunschmusik (eigene Wünsche wahrnehmen und äußern)
- Musikalisches Portrait (Selbst- und Fremdwahrnehmung)
  (vgl. auch Hegi 1993, Loos 1994)

Beziehungsgestaltung im Spannungsfeld Harmonie – Disharmonie

Für mich ist es ein zentrales Anliegen, psychosomatischen Patienten in der Musiktherapie Erfahrungen im Spannungsfeld zwischen Harmonie und Disharmonie, Spannung und Entspannung zu ermöglichen und sie zur genaueren Wahrnehmung ihrer Beziehungsgestaltung anzuregen. Meist besteht ein Zusammenhang zwischen ihren Beziehungserfahrungen und der körperlichen Symptomatik, der klarifiziert und ins Bewusstsein geholt werden muss. Vom theoretischen Hintergrund her überzeugt mich vor allem die anfangs erwähnte psychoanalytisch-interaktionelle Psychotherapie, an deren Grundannahmen ich mich hauptsächlich orientiere. Dieser Therapieansatz wurde für Patienten mit strukturellen Störungen entwickelt, die in Gruppen sonst oft schwer behandelbar sind.

Im Zusammenhang mit dem Themenbereich Harmonie – Disharmonie ist mir wichtig, zwischen Harmonie und Harmonisierung zu unterscheiden. In manchen Situationen (z. B. Dreierspiel in der oben beschriebenen Gruppe) wurde deutlich, dass im scheinbar harmonischen Spiel etwas vermieden wurde und es insofern einen Abwehrcharakter hatte. Hinter dieser Abwehr verbergen sich häufig lange abgespaltene aggressive Affekte. Andererseits können auch das Vermeiden von Einklang und Harmonie und die Idealisierung von Konflikt, Disharmonie und Chaos einen Abwehrcharakter haben. „Weiche“ Gefühle wie Trauer und Sehnsucht, Nähe und Verbundenheit haben dann keinen Platz mehr und werden zugunsten von Härte und Distanz vermieden. Das Spüren und der Ausdruck dieser Affekte sind meist wichtige Entwicklungsschritte, wobei auch hier entscheidend ist, dass der Beziehungsaspekt der Affekte und deren Regulation im Kontakt mit einem antwortenden Anderen verdeutlicht wird.

Letztlich gilt es, den Harmoniebegriff genauer zu erfassen: Was meint ein Patient, wenn er sagt, diese Musik habe harmonisch geklungen? Wie kann Musik differenzierter beschrieben und erfasst werden, z. B. durch Bilder, Szenen oder Stimmungen? Erfahrungsgemäß benötigt es einen längeren Prozess, um die Patienten hier zu mehr Kreativität anzuregen und die Bereitschaft zu wecken, die zur Musik auftauchenden Assoziationen möglichst frei zu äußern. Eine hilfreiche Möglichkeit ist zum Beispiel, die gespielte Musik aufzunehmen und dann gemeinsam anzuhören. Die dabei entstehenden Bilder und Gefühle können beim Anhören aufgeschrieben oder gemalt werden, wodurch sie einer weiteren Bearbeitung zugänglich werden.

Die Thematik der Beziehungsgestaltung sollte für die Patienten nicht nur im Rahmen ihres klinischen Aufenthaltes bedeutsam sein. Entscheidend ist die Frage, ob es ihnen gelingt, die hier gemachten Erfahrungen im Alltag umzusetzen und ihre Beziehungen dort aktiver und konstruktiver zu gestalten. In den meisten Fällen benötigen sie im Anschluss an ihren Klinikaufenthalt noch weitere ambulante Psychotherapie, um vielleicht schon lange schwelende Beziehungsprobleme anzugehen. Manche Patienten wagen so erstmals in ihrem Leben eine Auseinandersetzung (und damit zunächst eine Erfahrung von Disharmonie) mit den Eltern oder dem Partner. Andere können eine über lange Zeit nicht mehr gepflegte Freundschaft wieder beleben und so ihre lange soziale Isolation unterbrechen. Andererseits kann es auch ein konsequenter Schritt sein, eine destruktive und quälende Partnerschaft zu beenden und insofern eine jahrelange Harmonisierung aufzugeben. Zentral ist für mich der Aspekt, dass die Patienten sich nicht mehr nur als Opfer ihrer Lebensumstände und Mitmenschen sehen, sondern sich als mit beteiligt an Beziehungsverwicklungen erleben und eigene Gestaltungsräume wieder entdecken. Wenn dies gelingt, haben sie meist eine gute Chance auf eine dauerhaft zufriedenere Lebens- und Beziehungsgestaltung in ihrem Umfeld, was sich schließlich in der bio-psycho-sozialen Wechselwirkung immer auch positiv auf das somatische Beschwerdebild auswirkt.

Literatur

Ermann, M. (1997): Psychotherapeutische und psychosomatische Medizin, Stuttgart

Hegi, F. (1993): Improvisation und Musiktherapie. 4. Auflage, Paderborn

Heigl-Evers, A., Heigl, F., Ott, J. (1994): Lehrbuch der Psychotherapie. 2. Auflage, Stuttgart, Jena

Hofmann, S. O. (2000): Psychodynamische Therapie und Psychodynamische Verfahren. Psychotherapeut 45, 52-54

ICD-10 (1994): Internationale Klassifikation psychischer Störungen, Bern

Konzept der Sonnenbergklinik. In: Internet: www.sonnenbergklinik.de

Loos, G. K. (1994): Spiel-Räume der Magersucht. Musiktherapie und Körperwahrnehmung mit frühgestörten Patienten. 2. Auflage, Stuttgart, Jena, New York

OPD (1996): Operationalisierte Psychodynamische Diagnostik. Bern, Göttingen, Toronto etc.

Smeijsters, H. (1994): Musiktherapie als Psychotherapie, Stuttgart

Streeck, U. (2007): Psychotherapie komplexer Persönlichkeitsstörungen: Grundlagen der psychoanalytisch-interaktionellen Methode, Stuttgart

Musiktherapeutische Interventionen im Dialog mit dem Körper

Elisabeth Bock

Allgemeine Aspekte in der Musiktherapie

Musik als hörbarer Ausdruck kosmischer Gesetzmäßigkeiten berührt den Menschen ganzheitlich. Sie bringt individuelle Fähigkeiten und Qualitäten ans Licht und fördert die Bewusstheit für unser Eingebundensein in eine soziale Ordnung.

Musiktherapie nutzt Musik, um therapeutische Ziele zu erreichen oder anzuregen. Der freie, spielerische Ausdruck auf einfachen Instrumenten weckt Neugier, Initiative und die Freude am gemeinsamen Gestalten. Dabei werden Befindlichkeiten und Beziehungsweisen hör-, spür- und sichtbar, können im reflektierenden Gespräch bewusst gemacht und im weiteren Prozess konstruktiv verändert werden. Wie jemand mit einem Instrument umgeht, zeigt auch, wie er mit sich, mit der Welt und anderen Menschen umgeht, wie seine „gelernte Form der Zuwendung" ist. Spielerisch wird dabei eine Erfahrung ermöglicht, die im Betroffenen selbst einen inneren Prozess des Realisierens und Erforschens in Gang bringt. Mit Musikinstrumenten können Körperempfindungen und Gefühlszustände ausgedrückt, Fragen gestellt und Antworten gefunden, Dialoge geführt, sowie bewusste Selbstzuwendung geübt werden.

Musizieren verdeutlicht das Prinzip von Geben und Nehmen und hilft, die Pole Tun und Sein in Einklang zu bringen. Die symbolische Darstellung auf einer Metaebene führt in der Person selbst zu einer psychophysischen Erfahrung im Hier und Jetzt und kann, wenn verinnerlicht, auch auf andere Lebensbereiche übertragen werden.

Das Spannende an der Musiktherapie ist für mich, dass diese in jedem Arbeitsfeld ganz eigene Anforderungen stellt. So war es zum Beispiel in einem Gefängnis anfangs nicht möglich, frei zu improvisieren. Ich musste mir also neue musiktherapeutische Ansätze überlegen. In einer Beratungsstelle für drogenabhängige Menschen, die auch beim Musizieren gerne „abheben" und sich „wegbeamen" möchten, war es wichtig, sie wieder zu erden und mit sich und anderen in Kontakt zu bringen.

Musiktherapie in der Psychosomatik

Dem bio-psycho-sozialen Menschenbild der Psychosomatik entsprechend findet Musiktherapie ihren effektiven und stimmigen Platz im Gesamtbehandlungsplan einer psychosomatischen Klinik. Den Bezug zum Körper immer wieder herzustellen, erwies sich in vielen Therapiesituationen als äußerst hilfreich. Dabei kommt der Bereitschaft zur Wahrnehmung und bewussten Verarbeitung der Erlebnisse eine wesentliche Bedeutung zu.

Meine über 16-jährige Tätigkeit im psychosomatischen Bereich hat mir die Möglichkeit gegeben, verschiedene Behandlungsansätze kennen zu lernen und meinen Arbeitsstil bedarfsorientiert auszurichten und zu entfalten. Es ist mir ein Anliegen, die Menschen dort „abzuholen", wo sie gerade stehen, Ressourcen bewusst zu machen und zu stärken, sowie einen konstruktiven Umgang mit ihren Defiziten gezielt zu fördern. Dabei soll ein gemeinsam gestalteter, dynamischer Gruppenprozess ebenso zum Tragen kommen wie das Eingehen auf individuelle Bedürfnisse der Teilnehmer.

Menschen mit folgende Diagnosen erhalten einmal wöchentlich Gruppenmusiktherapie:

- Suchterkrankungen,
- Somatisierungsstörungen,
- Depressionen,
- Angststörungen,
- Essstörungen (Bulimie und Anorexie),
- Adipositas,
- Traumafolgestörungen.

Der durchschnittliche Aufenthalt der Patienten beträgt vier bis acht Wochen – bei Essstörungen zwölf Wochen. In der psychosomatischen Klinik sehe ich mein Angebot als kreative und eher freilassende Ergänzung zu den größtenteils fixen Modulen, (wie Skills-Training, Angstbewältigung, soziales und emotionales Kompetenztraining u. a.), welche regelmäßig stattfinden.

Um eine gewisse Zentrierung, Erdung und Selbstbesinnung zu initiieren, mache ich zu Beginn einer Gruppenstunde häufig eine Übung zur Einstimmung. Meist lade ich dazu ein, die Füße auf den Boden zu stellen, den Atem zu spüren, eventuell die Hände auf dem Bauch ruhen zu lassen und persönliche Befindlichkeiten und Anliegen wahrzunehmen. Eine eher seltener zur Anwendung gebrachte, aber sehr wirkungsvolle Übung möchte ich nun mit Ihnen teilen. Ich nenne sie „Das innere Radio". Sie eignet sich gut vor dem gemeinsamen Musizieren, um sich zuerst einmal der eigenen Musik und Stimmung bewusst zu werden.

Einladung zu einer Selbsterfahrungssequenz während des Vortrags:

„Bitte richten Sie sich auf, stellen die Füße auf den Boden und lassen sich nun bewusst von der Erde tragen. Nehmen Sie sich Zeit, ganz bei sich selbst anzukommen. Schließen Sie Ihre Augen, spüren Sie, wie der Atem kommt und geht und wie Ruhe in Ihnen einkehrt. Jeder Mensch hat Musik in sich – seine ganz persönliche, meist unhörbare Musik. Nun wollen wir bewusst unseren Fokus, unser inneres Hören auf diese „ureigene" Musik lenken. Schalten

Sie nun Ihr ganz persönliches inneres Radio ein und erlauben Sie sich, auf Ihr Inneres zu hören. Jeder Ton, jedes Geräusch ist willkommen. Auch Stille ist ein Teil von Musik und kann sehr wohltuend sein. Neugierig und hingebungsvoll lauschen Sie nun Ihrer eigenen Musik.

Wenn Sie diese dann wieder verklingen lassen, nehmen Sie sich einen Moment Zeit, um wieder bewusst Ihren Körper und die Wirkung, die diese Musik auf ihn hatte, nach zu spüren. Dann machen Sie ein paar tiefe Atemzüge, lassen die Augen aber noch geschlossen. Vielleicht haben Sie jetzt Lust auf etwas ganz anderes. Erlauben Sie sich nun, Ihren aktiven Teil zum Zug kommen zu lassen und schalten Sie auf einen (eventuell anderen) Sender, den Sie gerade gerne hören würden. Dort sind Sie Zuhörer und Komponist zugleich. Wenn es für Sie stimmig ist, lassen Sie diese Musik ausklingen und spüren in Ihren Körper hinein: Wie fühlt er sich jetzt an? Hat sich etwas verändert? Nach einigen weiteren tiefen Atemzügen mögen Sie sich vielleicht strecken und dehnen und kommen wieder ganz in den Raum zurück.“

Diese Übung mache ich auch gerne mit Patienten. Ganz unterschiedliche Rückmeldungen zeigen die Bandbreite der Möglichkeiten dieses inneren Hörens. Manche haben nichts gehört, andere sind zum ersten Mal tief entspannt und sehr glücklich.

Verbindung von musikalischem Ausdruck und Körperwahrnehmung

In meinem musiktherapeutischen Arbeitsalltag erlebe ich immer wieder, wie Menschen, die sich nie aktiv musikalisch betätigt haben, ihre ersten Spielversuche auf einem Instrument als angenehm und faszinierend erleben. Einfache Klänge und Rhythmen vertiefen oft die Atmung, lassen Sorgenfalten schmelzen und zaubern ein Lächeln auf gerade noch zugekniffene Lippen. Das Empfinden der Vibrationen eines Klangkörpers – z. B. die Gitarre an den Bauch haltend – leitet eine unmittelbar entspannende und nährende Wirkung ein. So kann sich der sich selbst auf diese Weise zuwendende Mensch wieder intensiver spüren und annehmen. Anhand von Fallvignetten möchte ich nun die Verbindung von musikalischem Ausdruck und Körpererleben beispielhaft erläutern.

Beispiel 1:

Ein Mann kam mit heftigen Magenschmerzen in die Gruppe. Er konnte kaum noch etwas essen und war kreidebleich. Es ging ihm ganz, ganz schlecht. Ich schlug ihm vor, dass er seinen Magen ein Instrument aussuchen lassen und so spielen sollte, wie das der Magen tun würde. Er nahm eine Rahmentrommel und spielte so, dass man den Eindruck hatte, er sei ganz weit weg, als kämen die Töne von ganz weit her. Je länger er spielte, desto konkreter und kräftiger wurde sein Spiel. Am Ende saß er aufrecht, trommelte rhythmisch und wirkte sehr präsent. Er legte den Schlägel weg und stellte fest, dass seine Magenschmerzen nun verschwunden seien. Einige Wochen später erzählte er mir, dass sie in diesem Ausmaß auch nicht mehr aufgetreten seien.

Es war für mich ein berührender Moment, das Potential eines einfachen musikalischen Ausdrucks, der sich auf der Grundlage einer Beziehungsherstellung zwischen Musik und Körper ereignete, miterleben zu dürfen. Dabei scheint es gleichgültig, um welchen Körperteil, welches Thema es sich handelt. Schmerzen, Ängste – alles was im Körper gespeichert ist, kann musikalisch ausgedrückt und so über das eigene Tun und Erleben – allein oder im Dialog mit anderen – bearbeitet werden.

In einer ersten verbalen Runde werden Themen und Befindlichkeiten erörtert, welche Orientierung geben für den weiteren Verlauf der Stunde.

Beispiel 2:

Ein Patient redete mit monotoner Stimme und starrer Mimik über sich selbst. Sein Fuß wippte aber heftig dabei. Die Diskrepanz zwischen Fuß, Mimik und Sprache wahrnehmend, schlug ich vor, er möge doch seinen Fuß ein Instrument aussuchen lassen und so spielen, wie der Fuß dies tun würde. Er begann daraufhin kraftvoll zu trommeln, richtete sich dabei auf, und auch sein Gesichtsausdruck veränderte sich. Alle konnten sehen, dass es ihm Spaß machte und die Monotonie verschwunden war.

So gibt der Körper Botschaften, die es zu lesen gilt. Ich beobachte, wo derzeit die stärkste Energiekonzentration ist und bringe sie mit dem Musizieren in Verbindung. Die Zusammenschau von Körper, Sprache und Musik ergibt ein ganzheitliches Bild vom Menschen. Sie macht Authentisches, Unstimmigkeiten und angelegte Potentiale sowohl in der Person als auch in der zwischenmenschlichen Kommunikation transparent.

Beispiel 3:

Eine Anorexie-Patientin spielte lange auf ihrer Querflöte und hörte dann ganz abrupt auf. Sie fand keinen Bezug zum Beenden einer Sache. Ich lud sie ein, die Augen zu schließen und in ihrem Körper zu spüren, wie es sich anfühlt, wenn andere Gruppenteilnehmer ihr Spiel beenden. Dabei sollte sie bewusst wahrnehmen, welche Empfindungen in ihr auftauchten. Wir setzten diese Wahrnehmungsübung so lange fort, bis sie selbst ein Gefühl dafür entwickelte, wie es sich in ihrem Körper anfühlt, wenn etwas beendet wird und sie diese Erfahrung dann auch musikalisch umsetzen konnte.

Beispiel 4:

In einer Essstörungsgruppe nahm auch eine Patientin mit afrikanischen Wurzeln teil. Sie spielte eine Musik, die uns allen fremd war und bei allen etwas im Körper bewegte. Sie sagte, es sei ein Lied aus ihrer ursprünglichen Heimat und bei einer bestimmten Handbewegung von ihr sollten alle kräftig „Ho“ rufen. Es entstand eine lautstarke und lustvolle Aktion. Eine Patientin machte allerdings nicht mit. Irgendetwas war ihr sichtlich unangenehm. Darauf angesprochen sagte sie mir nachher wörtlich, dass es ihr „zu körperlich“ gewesen sei. Sie habe ihren Körper plötzlich zu stark gespürt. Auf ihre Ängste, „zu physisch“ zu sein, wurde dann in ihrer Einzeltherapie näher eingegangen.

Musikalischer Ausdruck löst häufig unmittelbar im Körper eine Reaktion aus und wird, je nachdem, wo sich der betreffende Mensch innerlich gerade befindet, entsprechend wahrgenommen – oder auch nicht.

Beispiel 5:

Ein alkoholkranker Mann nahm die Leier und spielte darauf in einer Weise, dass ich fürchtete, die Saiten könnten abreißen. Im Anschluss erzählte ich ihm von meiner Besorgnis um das Instrument, die er aber nicht nachvollziehen konnte. Ich fragte ihn, wie er mit seinem Körper umgehe. Er meinte, er würde ihn öfter „traktieren“, was er jedoch meist erst viel später bemerke. In den darauf folgenden Gesprächen wurde ihm die Diskrepanz zwischen seiner inneren Verletzlichkeit und dem brutalen Umgang mit dem Körper während seiner Alkoholexzesse bewusst.

Im weiteren Therapieverlauf kann nun experimentell im Umgang mit dem Instrument ein Erfahrungslernen stattfinden, wobei ein dabei entstehendes Wohlgefühl im Körper bewusst mit dem eigenen Handeln in Verbindung gebracht wird.

Körperwahrnehmung ist auch für den Therapeuten wesentlicher Bestandteil im therapeutischen Setting (Selbst- und Fremdwahrnehmung, Gegenübertragung).

Die physische Berührung mit dem Instrument

Ein weiterer Aspekt in der Körperwahrnehmung ist die Berührung mit dem Instrument, das wir ja in die Hand nehmen und mit dem wir physisch in der Musiktherapie arbeiteten. Die während des Spielens erzeugten Vibrationen übertragen sich auf den Körper und können dabei heilsame Wirkungen entfalten.

Beispiel 6:

Eine Patientin mit Somatisierungsstörung hatte Schwierigkeiten, sich auf andere Menschen einzulassen. Sie war ängstlich und sehr mit ihren eigenen Problemen beschäftigt. Ich lud sie auf ein „Experiment“ ein: sie möge mit der flachen Hand die Leier halten und mit der anderen spielen.

Eine Hand spielt also für die andere Hand, welche die Vibrationen des Klangkörpers sehr deutlich wahrnehmen kann. Dann sollte sie das Instrument in die andere Hand nehmen. So konnte die Patientin unterschiedliche Empfindungen in ihrer rechten und linken Hand wahrnehmen und sich selbst auf wohltuende Weise in die Gegenwart führen.

Beispiel 7:

Eine Frau kam mit der Diagnose „Restless-Legs-Syndrom“ in Einzeltherapie zu mir. Sie berichtete über ihre Rolle in der Familie, in die sie sich zwar eingebunden fühlte, in der sie aber nicht zu sich finde. Ihre innere Rastlosigkeit spiegelte sich mit der Zeit mehr und mehr in ihrem Körper wieder. In Rollenspielen (speziell mit den Rollen des Sohnes und des Ehemannes) arbeiteten wir an ihrer Ausdrucksfähigkeit und ihrem Selbstbewusstsein. Einmal legte sie, um sich etwas Gutes zu tun, die Leier auf ihre Beine. Während eines längeren „Spieles für die Beine", welche die Vibrationen des Klangkörpers aufnehmen durften, erlebte sie, wie ihr Symptom für einige Zeit völlig verschwunden war. Die Erkenntnis, dies ohne medikamentöse Wirkung selbst hervorbringen zu können, hat sie begeistert. Mit wachsender Selbstfürsorge konnte sie ihr Symptom während des Aufenthalts in der Klinik weitgehend reduzieren.

Frühe Erfahrungen mit Körperkontakt prägen die Entwicklung von Urvertrauen, Bindungsfähigkeit und Ich-Stärke. Die Haut als Körpergrenze nimmt die Vibration auf und fungiert in der Kontaktwahrnehmung als Bindeglied zwischen Innenleben und Welterfahrung.

Beispiel 8:

Während einer Solorunde in der Gruppenmusiktherapie wählte ein Patient eine Conga. Er begann darauf zu spielen, indem er mit seinem Arm weit und kraftvoll ausholte. In Erwartung eines kräftigen Schlages hielt die Gruppe spürbar den Atem an. Kurz bevor die Hand auf dem Fell landete, bremste er jedoch seinen Schwung ab und zur Überraschung der Teilnehmer erklang nur ein schwacher Ton. Dies ging eine Zeit lang so, bis der Patient, dessen massive Aggressionshemmung sich auf diesem Weg gezeigt hatte, sein Spiel beendete. Mir fiel, analog zu seiner Spielweise, sein kräftiger, breitschultriger Körperbau im Gegensatz zu seinem ängstlichen und etwas ratlos wirkenden Gesichtsausdruck auf. Ich fragte ihn, ob er bereit wäre, sich auf ein kleines Experiment auf der Conga einzulassen. Er willigte ein. Ich nahm die zweite Conga und lud ihn ein, seine Hände auf dem Fell ruhen zu lassen und tat desgleichen auf meinem Instrument. Er möge einfach nur die Verbindung zwischen Fell und Hand spüren und, wenn er das Bedürfnis bekomme, die Hand leicht zu bewegen, dies zulassen. So entstand vorerst ein zaghaftes Rutschen der Finger, das sich bis zu einem Streichen des ganzen Fells ausdehnte und später zu einem erst vorsichtigen, dann etwas sichereren Klopfen und Trommeln überging. Der Patient hatte sich sichtlich entspannt. Er wirkte neugierig, interessiert und erleichtert. Die Spannung in der Gruppe hatte sich ebenso gelegt und es folgten wohltuende Feedbacks der Teilnehmer.

Einige Tage später erfuhr ich vom Einzeltherapeuten des Patienten, dass dieser in großer Ambivalenz zu seiner Partnerin stünde, die er am liebsten schlagen würde und dass er darüber erstmals sprechen konnte, ohne in seiner Angst zu verharren.

Die therapeutische Intervention, Berührung in „neutraler" Weise für ihn erfahrbar zu machen, konnte so der Stärkung des Selbstvertrauens und der Aufarbeitung der anstehenden Probleme in der Einzelpsychotherapie zugute kommen.

Dialoge mit inneren Anteilen

Um diese anzuregen, benutze ich unter anderem gerne folgende Übungen:

Patienten werden aufgefordert, für ein belastendes Thema ein Instrument zu wählen und ein zweites für das „Gegenteil“. Diese beiden Instrumente treten nun miteinander in Dialog. Die „andere Seite“ zu spielen, kann einen Stimmungs- und Bewusstseinswandel in den betreffenden Personen einleiten - ein Phänomen, das sich in der Musiktherapie häufig einstellt.

Statt dem musikalischen Ausdruck können ähnliche Erfahrungswerte auch über eine Körpererfahrung gewonnen werden. So wird z. B. die Angst symbolisch in eine Hand und der Gegenpol (z. B.: Fröhlichkeit, Leichtigkeit oder Liebe) in die andere Hand gelegt. In einem verinnerlichten Spürprozess kann nun das „Gewicht“ der beiden erlebt oder eine Bewegung, die beide von sich aus machen würden, zugelassen werden. „Wie würden die beiden Aspekte miteinander sprechen? Erlauben Sie sich einen Tanz der Hände und führen Sie die beiden dann zusammen, wenn sich das für Sie stimmig anfühlt.“ So könnte die Anleitung lauten. Durch diese Übung kann Integration und Eigenständigkeit erfahren werden. Die Bewusstwerdung, „es selbst in der Hand zu haben“, eröffnet einen neuen Zugang und Umgang mit dem anstehenden Problem.

Beispiel 9:

Eine selbstunsichere Patientin beklagte ihre innere Leere. Das Erklingen eines Windspiels löste Angst in ihr aus. Sie nahm meinen Vorschlag, eine Hand auf ihr Herz zu legen und mit diesem zu sprechen, an. Nach einem kurzen Dialog spürte sie Trauer in sich aufsteigen. Ihr Herz sehne sich nach „Angenommensein“. Ich fragte sie, ob sie bereit wäre, sich selbst anzunehmen und wie sie sich das zeigen könne. Sie legte in die eine Hand ihre Angst und in die andere ließ sie langsam ein Geborgenheitsgefühl einfließen, bis auch dieses an „Gewicht“ zunahm. Als sie beide Hände zusammen führte, konnte sie sich entspannen und auch selber wieder spüren.

Dialoge mit Organen, Symptomen und Gefühlen dienen der Bewusstwerdung über Hintergründe der Erkrankung. Sie fördern einen eigenverantwortlichen und achtsamen Umgang mit sich und anderen. Vernachlässigte Bereiche können dabei in liebevoller Selbstzuwendung gestärkt und aufgewertet werden.

Beispiel 10:

Ein Patient mit multipler Schmerzsymptomatik, großer innerer Unruhe, Schlafstörungen und starkem Schwitzen kam in die Einzeltherapie und beklagte sich heftig über den Umstand, kein Einzelzimmer in der Klinik bekommen zu haben. Er müsse nachts immer aufstehen und wolle niemanden stören. Sein Wort hätte früher, als er noch Chef von 100 Mitarbeitern war, mehr gegolten. Jetzt, in der Pension, würde er eben nicht mehr so geschätzt werden. Nach einem Gespräch über seine Möglichkeiten in der gegenwärtigen Situation schlug ich ihm vor, er möge zwei Instrumente auswählen: eines für sein Beharren auf einem Einzelzimmer und das andere für ein Zulassen, dass er nun mit jemandem zu zweit ein Zimmer teile. Er ließ sich bereitwillig auf diese Aufgabe ein und erlebte dann zu seinem größten Erstaunen, dass durch das spielende Annehmen seiner Situation sich auch seine Symptomatik spürbar besserte.

Beispiel 11:

Eine anorektische Patientin beschrieb in einer Gruppensitzung ihr Inneres als einen Kriegsschauplatz. Sie fühle sich schrecklich darin. Sie nahm meinen Vorschlag an, ihre kranken und gesunden Aspekte zu benennen und wählte dann für jeden Teil ein Instrument. Im folgenden Spiel war das Destruktive aber absolut dominant. Es entstand kein Dialog. Ich empfahl, ein drittes Instrument zu wählen, das für das Heilsein stehen sollte, um diesem spielerisch Raum zu geben. Die Patientin nahm eine Leier und spielte sehr entspannend. Am Ende hielt sie einen Moment inne, während sie uns ansah. Dann legte sie die Leier für alle sichtbar auf ihr „negatives" Instrument. Die anschließende Stille verstärkte die wohltuende Wirkung noch zusätzlich.

Sequenzen der Stille können eine wesentliche Ergänzung zum aktiven Tun bieten und Raum für die Entwicklung des Selbstgefühls, für Inspiration und für die Integration der mitunter sehr gefühlsträchtigen Erlebnisse schaffen.

Nachfolgende Äußerungen von Patienten unterstreichen die Bedeutung von Musiktherapie im klinischen Bereich:

„Man sieht, wo man eigentlich steht", „sich etwas direkt erfüllen", „sein können, wie man ist", „auf etwas Lust bekommen", „dass meine Musik einzigartig ist", „dass meine Angst wich und Mut aufkam", „erstaunlich, dass in meinem Körper Musik vorhanden ist", „man kommt sich auf angenehme Weise näher und baut Vorurteile ab", „eine Chance, im Körper ein Wohlgefühl zu erleben", „erkennen, was einem entspricht", „herunterkommen vom Getrieben sein", „dass unsere Musik zusammen passt, obwohl wir nicht spielen können", „dass ungute Gefühle sich über das Spielen verwandeln können", u. v. m.

Einladung zu einer zweiten Selbsterfahrungssequenz:

„Wählen Sie einen Körperteil aus und lassen Sie dessen innere Musik in der Vorstellung erklingen. Lauschen Sie in sich hinein. Wenn Sie genügend erfahren haben, wie dieser Körperteil klingt, lassen Sie ihre Musik wieder ausklingen und spüren dann, wie sich dieses Organ jetzt anfühlt.

Ähnlich wie beim „inneren Radio" spielen oder singen Sie in einer zweiten Sequenz aktiv für dieses Organ. Nehmen Sie sich Zeit, zu spüren, was genau Sie sich dafür gönnen möchten. Wenn diese Musik ganz aufgenommen wurde, beenden Sie Ihr inneres Konzert wieder. Spüren Sie nun nach, wie diese „musikalische Zuwendung" in Ihrem gewählten Körperbereich angekommen ist."

Beispiel 12:

In einer Musiktherapiegruppe, wo jeder einzeln und für alle hörbar sein Organ gespielt hatte, improvisierten anschließend die Organe miteinander. Dabei war es für manche schwierig, bei sich zu bleiben und gleichzeitig miteinander in Kontakt zu sein – eine Herausforderung, die gerade in der Psychosomatik häufig geübt werden muss.

Atmen – Tönen – Lauschen – Spüren

Beispiel 13:

Eine Frau stellte symbolisch auf einem Instrument ihren Schmerz dar. Anschließend war sie sehr verzweifelt und weinte bitterlich. Auf meine Frage, was ihr jetzt gut tun würde, wusste sie keine Antwort. Ich empfahl ihr und allen anderen, den Kopf hängen zu lassen und auszuatmen. In dieser Haltung begannen wir alle eine gemeinsame Improvisation, wobei der Atem die Musik führen sollte. Die dabei entstandenen, langsamen und getragenen Klänge lösten zuerst auch bei einer anderen Patientin Tränen, später aber in der ganzen Gruppe eine sehr freie und gelöste Stimmung aus. Während wir unsere Köpfe wieder hoben und in einen rascheren Rhythmus übergingen, richtete sich auch die „Urheberin" dieser Sequenz auf. An ihrem Lächeln und kräftigeren Spiel war ihre innere Wandlung zu erkennen.

Bewusstes Atmen führt meist unmittelbar in ein deutlicheres Spüren. Es hilft zuzulassen, was da ist.

Die Stimme wirkt durch ihre Vibrationen und unterschiedlichen Frequenzen in verschiedenen Körperbereichen wie eine innere Massage. Tönend zentrieren wir uns und entfalten unser kreatives Potential. Freier, stimmlicher Selbstausdruck bringt unsere Individualität ans Licht. Miteinander zu singen stärkt das Gemeinschaftsgefühl und vertieft die Wirkungen der Klänge und Harmonien in uns.

Beispiel 14:

Eine bulimische Patientin sehnte sich danach, eine Erfahrung zu erleben, in der sie sich „fallen lassen kann und aufgefangen wird":

Wir bildeten einen großen Kreis und kamen – einen gemeinsamen Ton findend – miteinander in Einklang. Wer Lust hatte, durfte in die Mitte kommen und sich aussuchen, ob er sich betönen lassen oder selbst singen wolle, getragen vom gemeinsamen Klangteppich. Die besagte Patientin schloss die Augen und wartete darauf, von uns besungen zu werden. Sie konnte dabei ein wirkliches Ankommen im eigenen Körper und ein Vertrauen in andere Menschen erleben, was sie ihrer Aussage nach bisher nie zulassen konnte. Ihrem Wunsch entsprechend durften wir sogar summend näher zu ihr herankommen. Als sie die Augen öffnete, gab es freudige Blickkontakte und einige Umarmungen mit ebenso berührten Mitpatientinnen.

Hörerlebnisse verfeinern die Wahrnehmung und verbinden die äußeren Eindrücke mit dem inneren Erleben. Meine Arbeitsstätte ist umgeben von unberührter Natur und so bietet sich die Gelegenheit, manchmal mit den Patienten hinauszugehen. Dort wende ich unter anderem folgende Übung an:

„Jeder sucht sich einen guten Platz, schließt die Augen und versucht, lauschend die Naturgeräusche (Wind, Vögel, Bienen, Blätterrascheln, etc.) aus der gesamten Geräuschkulisse (Autos, Zug, Baulärm, etc.) herauszufiltern."

Wenn das gelingt, wird häufig ein tiefes Geborgenheitsgefühl erlebt. Mit bewusstem Gehen, Riechen, Betrachten und Spüren stellen wir einen sinnlichen Kontakt mit den Elementen her. Jeder ist eingeladen, ein Symbol aus der Natur zu wählen, das ihn speziell anspricht (z. B. einen Stein, ein Blatt, eine Feder, die Wärme der Sonne). In einer Mitteilungsrunde werden Bezüge zur eigenen Lebenssituation hergestellt und ein stimmiger Begriff oder ein musikalischer Ausdruck für das Symbol gefunden. Die dabei entstandenen Empfindungen wie z. B. Kraft, Freiheit, oder Zärtlichkeit können intensiver wahrgenommen und integriert werden. Häufig eröffnen diese Stunden für die Patienten einen neuen Zugang zur Natur, zum eigenen Erleben und zu einfachen Regenerationsmöglichkeiten, die jedem Menschen offen stehen.

Imaginieren

Folgende Imaginationsübung erfreut sich meist großer Beliebtheit: „Stellen Sie sich vor, Sie sind in Ihrem absoluten Topzustand und haben das, was Sie sich immer gewünscht haben, erreicht. In jedem Detail Ihres Körpers spüren Sie, wie sich das anfühlt und genießen es jetzt in vollen Zügen! Wir nehmen uns viel Zeit für diese Übung, schmücken sie in allen Farben, Tönen, Orten und Begegnungssituationen aus. Dann wählt jeder von Ihnen ein Instrument und spielt, wie sich das nun im Körper anfühlt."

Meist erstaunt es die Patienten, wie kräftig, fröhlich oder leicht sie sich plötzlich erleben und ausdrücken können. Dabei kann das Selbstwertgefühl gestärkt und ein Zugang zum persönlichen Ressourcenpool eröffnet werden.

Zum Abschluss

„Was man am eigenen Leib erlebt hat, weiß man", sagt ein altes Sprichwort. Ich halte daher elementare und körperliche Erfahrungen für einen wichtigen Teil innerhalb des musiktherapeutischen Geschehens. Als rhythmisch-harmonikale Lebewesen stehen wir wie Intervalle in der Musik zueinander in Beziehung und miteinander in Resonanz. Wir fühlen uns in der Musik geborgen, weil die in uns angelegte Harmonie in Schwingung versetzt und erlebbar gemacht wird. Ein tiefes Gefühl von „im Innersten bewegt und erreicht werden", lässt die Erfahrung von Ganzsein aufkommen.

Literatur

Bock, E. (2000): Dialog mit dem Körper. In: Österreichischer Berufsverband der MusiktherapeutInnen (Hrsg.): Wiener Beiträge zur Musiktherapie Band 2. Wien

Bock, E. (2005): Schenk' Dir Gehör. In: Tucek, G. (Hrsg.): Musik und Medizin, Beiträge zur Musik- und Therapieforschung 1995-2004. Wien

„Klang meines Körpers“

Ein interaktives Ausstellungsprojekt zur Prävention von Ess-Störungen

Stephanie Lahusen

„Wir, fünf betroffene junge Frauen, haben uns im Rahmen einer musiktherapeutischen Gruppe kennen gelernt. Hier entstand die Idee, mit unserer Musiktherapeutin und einer Grafikerin eine interaktive Ausstellung über Ess-Störungen zu konzipieren.
In dieser Zeit konnten wir durch aktives Musizieren und durch die Beschäftigung mit Liedern, die uns bewegen, neue Zugänge zu unseren Gefühlen finden und ihnen auf kreativen Wegen Ausdruck verleihen. Wir möchten unsere gesammelten Erfahrungen und die wiedergewonnene Hoffnung an andere Betroffene weitergeben. Über Bilder, Texte und Musik wollen wir Betroffene und Interessierte direkt, aber sensibel ansprechen und gleichzeitig aufzeigen, dass in jedem Menschen Kreativität als Lösungspotential schlummert.“

1. Idee und Hintergrund

Ess-Störungen bei Jugendlichen haben in den letzten Jahren deutlich zugenommen. Längst sind Erkrankungen, wie Magersucht, Bulimie oder Ess-Sucht nicht mehr nur das Thema von Ärztinnen und Therapeutinnen, sondern Gegenstand der öffentlichen Diskussion. Ess-Störungen aus der Anonymität herausholen, der Erkrankung ein Gesicht geben und die Sprachlosigkeit überwinden, sind Idee und Hintergrund zur Entstehung dieses Projektes mit den Modulelementen Wanderausstellung, Seminare, Begleit- und Arbeitsmaterial. Die Brisanz des Themas macht Aufklärung und Prävention für die betroffenen Altersgruppen und Hilfestellung für Pädagoginnen unerlässlich. Die interaktive Wanderausstellung „Der Klang meines Körpers“ will diese Arbeit unterstützen.

Im Mittelpunkt der Ausstellung stehen die betroffenen Mädchen und Frauen selbst mit ihren Porträts, Texten und ausgewählten Musikstücken. Gerade dort, wo Worte fehlen, können Bilder und Musik stellvertretend „sprechen“. Die innovative Qualität des Projektes ist die Arbeit mit dem kreativen musiktherapeutischen Ansatz. Das Projekt ist insofern sowohl therapeutische Intervention als auch ein ganzheitlich präventiver Ansatz. Das Projekt betont die Ressourcen und Stärken, die in den Erkrankten schlummern und im kreativen Prozess geweckt werden. Das Entdecken und Erleben der eigenen Kreativität trägt zur Überwindung der Erkrankung bei. Ohne die Sachinformationen zu vernachlässigen, wird das Thema Ess-Störung nicht im Fokus der Symptomorientierung, sondern aus einem ressourcenorientierten Ansatz heraus bearbeitet. In den Seminaren werden Multiplikatorinnen fachlich geschult, der ganzheitliche Ansatz vermittelt, die Notwendigkeit von Kooperation und Vernetzung betont und die Arbeit mit Schüler- und Jugendgruppen in der Ausstellung vorbereitet.

2. Projektziele

Von Anfang an war es den Betroffenen ein Bedürfnis, neue Wege bei der Darstellung von Ess-Störungen zu gehen. Deshalb haben sie bewusst darauf verzichtet, das oft in den Medien dargestellte ausschließlich „Kranke“ und „Erschreckende“ der Ess-Störung zu dokumentieren. Diese Bilder sind bekannt: Ausgemergelte Körper, große Augen, die traurig und resigniert in die Kamera schauen und beim Betrachter Betroffenheit, Entsetzen, aber auch Unverständnis auslösen. Solche Reaktionen will die Ausstellung vermeiden. Vielmehr möchten die jungen Frauen zum Ausdruck bringen, was in der Öffentlichkeit oft nicht wahrgenommen wird: Ihr schöpferisches Potential und ihren Lebenshunger.

Die Frauen dabei zu unterstützen, gerade diese positive und lebensbejahende Botschaft im Rahmen der Präventionsarbeit nach außen zu tragen, ist für mich *das* zentrale Projektziel. Mit ihren selbst geschriebenen Texten, ihren persönlichen Bildern und ausgewählten Liedern erzählen die fünf jungen Frauen von ihrem Leben, ihren Ängsten, Wünschen und Sehnsüchten. Dabei geben sie tiefe Einblicke in ihre Lebenswelt, die die emotionale Komplexität der Erkrankung erahnen lassen. Darüber hinaus bringen sie in selbst gestalteten Schatzkisten symbolisch zum Ausdruck, wo für sie ihre „heilenden Schätze“ liegen. Wege aus der Sucht werden dadurch sichtbar und erlebbar.

Ein weiteres Ziel ist die fachliche Fortbildung von pädagogischem Personal, insbesondere von Lehrerinnen und Mitarbeiterinnen der Jugendhilfe als Multiplikatorinnen. Des Weiteren ist die Initiierung und Förderung von Netzwerken zwischen Eltern, Lehrerinnen, fachkompetenten Stellen, Selbsthilfegruppen etc. ein zentrales Anliegen des Projektes. Dies insbesondere, um Nachhaltigkeit in der Prävention zu gewährleisten.

3. Die Ausstellung und ihre Module

Das Projekt besteht aus drei Modulen:

I. Ausstellung
II. Seminare
III. Begleit- und Arbeitsmaterial.

I. Ausstellung

Außenkreis: Wenn der Körper verstimmt ist

Der Außenkreis der Ausstellung umfasst fünf informative Ausstellungstafeln, die unterschiedliche Aspekte von Ess-Störungen thematisieren.

- Die Projektgruppe stellt sich vor. Hintergrundinformationen zum Projekt.
- Probleme mit dem Essen? Was kann dahinter stecken? Ursachen und Auslöser für die Entstehung von Essstörungen.
- Signale werden gegeben, um erkannt zu werden. Anzeichen, die auf eine Ess-Störung hinweisen.
- Bitte nicht füttern... denn ich habe Hunger nach: Vom emotionalen Hunger bei Ess-Störungen.
- Du kannst es schaffen! Wege aus der Ess-Störung.

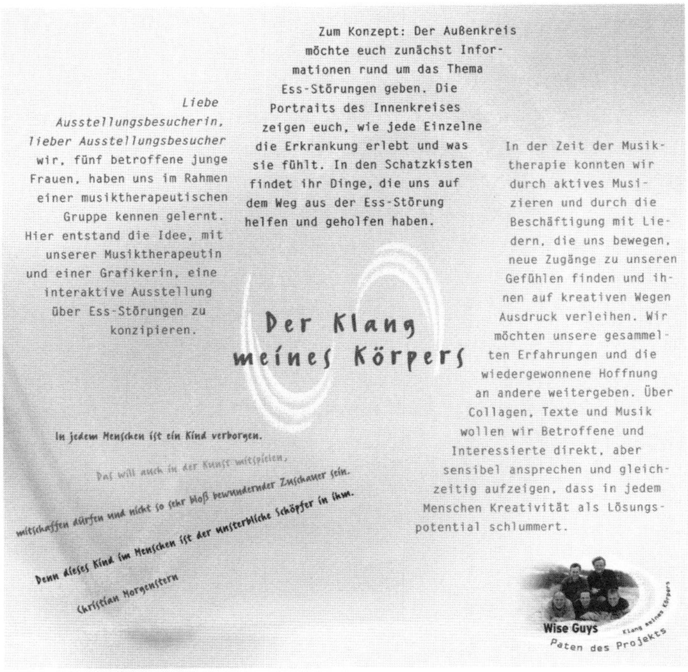
Liebe
Ausstellungsbesucherin,
lieber Ausstellungsbesucher
wir, fünf betroffene junge Frauen, haben uns im Rahmen einer musiktherapeutischen Gruppe kennen gelernt. Hier entstand die Idee, mit unserer Musiktherapeutin und einer Grafikerin, eine interaktive Ausstellung über Ess-Störungen zu konzipieren.
Zum Konzept: Der Außenkreis möchte euch zunächst Informationen rund um das Thema Ess-Störungen geben. Die Portraits des Innenkreises zeigen euch, wie jede Einzelne die Erkrankung erlebt und was sie fühlt. In den Schatzkisten findet ihr Dinge, die uns auf dem Weg aus der Ess-Störung helfen und geholfen haben.
In der Zeit der Musiktherapie konnten wir durch aktives Musizieren und durch die Beschäftigung mit Liedern, die uns bewegen, neue Zugänge zu unseren Gefühlen finden und ihnen auf kreativen Wegen Ausdruck verleihen. Wir möchten unsere gesammelten Erfahrungen und die wiedergewonnene Hoffnung an andere weitergeben. Über Collagen, Texte und Musik wollen wir Betroffene und Interessierte direkt, aber sensibel ansprechen und gleichzeitig aufzeigen, dass in jedem Menschen Kreativität als Lösungspotential schlummert.
Der Klang
meines Körpers
In jedem Menschen ist ein Kind verborgen.
Das will auch in der Kunst mitspielen,
mitschaffen dürfen und nicht so sehr bloß bewundernder Zuschauer sein.
Denn dieses Kind im Menschen ist der unsterbliche Schöpfer in ihm.
Christian Morgenstern
Wise Guys
Klang meines Körpers
Paten des Projekts

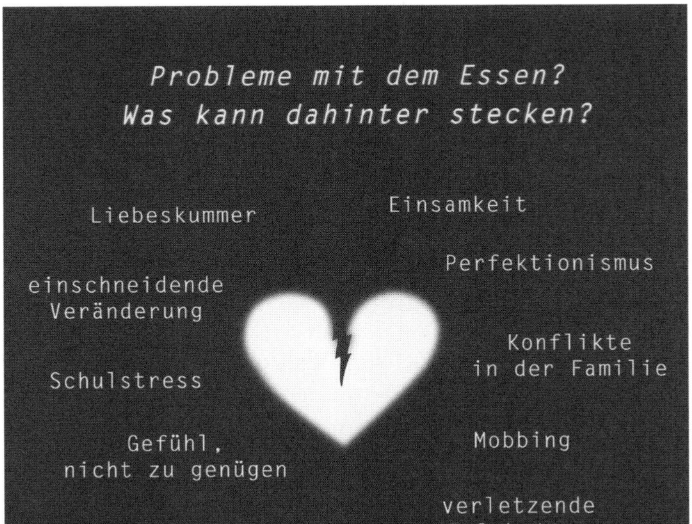
Probleme mit dem Essen?
Was kann dahinter stecken?
Liebeskummer
Einsamkeit
Perfektionismus
einschneidende Veränderung
Konflikte in der Familie
Schulstress
Gefühl, nicht zu genügen
Mobbing
verletzende Erlebnisse
Schönheitsideal
Lebenskrisen

Signale werden gegeben,
um erkannt zu werden!
Häufige Diäten
Aufsuchen der Toilette nach Mahlzeiten
Ständige Beschäftigung mit Figur und Aussehen
Abmagerung und Verleugnen des Untergewichtes
Rückzug von Mitmenschen
Große Kenntnisse über Nahrung und Kalorien
Perfektionismus
Extreme sportliche Aktivität

Bitte nicht füttern...
denn ich habe Hunger nach:
Leben
Ehrlichkeit
Freundschaft
Herzlichkeit
Verständnis
Unterstützung
Nähe
Liebe

Innenkreis und Hörstation: Seelenklänge

Während im Außenkreis erforderliche und hinführende Informationen zu Ess-Störungen gegeben werden, tauchen die Besucher im Innenkreis in die Welt der Betroffenen ein.

Porträts:

Neben einer Hörstation und fünf Schatzkisten bilden die Porträts den Innenkreis der Ausstellung. Diese fünf Porträts verstehen sich als Fenster, durch die den Besuchern ein sehr persönlicher Einblick in das Innenleben der jungen Frauen gewährt wird.

Heilung.
Es wird immer wieder Tage geben
Die Dich hinabziehen
In die Kälte

Hallo Christine,
im Anhang schicke ich dir das Ergebnis eines Gedankenblitzes
für mein Hauptbild. Ich dachte an eine Ballerina, die dabei
ist, eine Pirouette oder einen Standspagat zu machen (wegen
nicht vorhandener Fähigkeiten kann ich da nicht selber für
posieren *g*). Damit kann man, finde ich, mehrere Dinge
verbinden: Elan, Vitalität, Ausgeglichenheit,
Disziplin, Beherrschung, aber auch ein sich Verbiegen,, Schmerz und wahrscheinlich noch viel
mehr. Deswegen ist es eine schöne Verbildlichung
meines Hauptthemas (Diskrepanz zwischen
innen und außen). Innerlich fühle ich mich oft
„zerrissen“, kann mich aber so gut beherrschen, dass man mir nach außen hin nichts
anmerkt. Bulimie ist dann quasi das Ventil, durch das
der ganze Druck, der sich dadurch aufbaut, entweichen
kann. Blöd, nicht wahr?
Ansonsten bis Samstag
Viele Grüße
Melissa

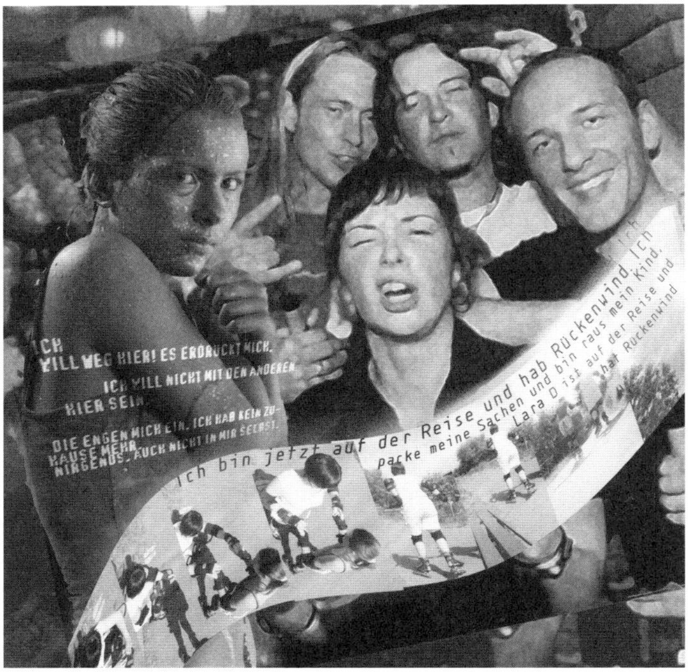
ICH
HIER! ES ERDRÜCKT MICH.
ICH WILL NICHT MIT DEN ANDEREN
HIER SEIN.
DIE ENGEN MICH EIN. ICH HAB KEIN ZU-
HAUSE MEHR
NIRGENDS. AUCH NICHT IN MIR SELBST.
Ich bin jetzt auf der Reise und hab Rückenwind. Ich
parke meine Sachen und bin raus mein Kind.
Lara D ist auf der Reise und
hat Rückenwind

„Nie war ich für mich selbst
gut und schön genug,
immer wollte ich mehr, forderte noch mehr von mir. Solange ich denken kann war ich nie zufrieden mit meinen Resultaten. Sie waren nie perfekt genug, sie sollten noch perfekter werden. Ich hatte im Grunde so viel, doch mir fehlte in Wirklichkeit unheimlich viel, was man mit Geld nicht erwerben kann: Liebe, Zärtlichkeit und viel Verständnis für meine tiefe Trauer."

Hörstation: satte Klänge

Musik als „Sprache der Gefühle" lässt in uns leichter innere Bilder und Stimmungen entstehen. Seinen (Lebens-)Rhythmus finden, Trauer, Mut und Perspektiven zum Ausdruck zu bringen und hörbar zu machen: das alles kann Musik. An fünf Kopfhörern können sich die Besucher Musikstücke anhören, die die betroffenen Frauen zu ihrem jeweiligen Porträt ausgewählt haben; anonym genug und doch so persönlich, dass die Jugendlichen eigenen Gedanken, Empfindungen, Wünschen und Ängsten nachspüren können.

Zu hören sind hier u. a. Lieder von den Red Hot Chili Peppers, Linking Park, Die Söhne Mannheims, Rosenstolz und anderen Interpreten. Die Lieder untermalen die persönlichen Botschaften der Porträts und lassen unterschiedlichste Klangatmosphären für die Jugendlichen entstehen.

Schatzkisten: Mit sich in Einklang kommen

Unterhalb der Porträts befinden sich fünf Schatzkisten. Diese selbst gestalteten Schatzkisten enthalten unterschiedlichste Materialien, die Wege aus der Ess-Störung aufzeigen und gleichzeitig einladen, sich mit der Frage auseinander zu setzen, wie man Ess-Störungen bereits im Vorfeld entgegenwirken kann.

II. Seminare

Die Seminare für Multiplikatorinnen sind als Lehrerfortbildungsmaßnahme vom Bayer. Staatsministerium für Unterricht und Kultus anerkannt. Für Institutionen, die die Ausstellung ausleihen möchten, ist die Teilnahme an einem Seminar verpflichtend. Hiermit soll die fachliche Qualität der Ausstellungsarbeit gewährleistet werden und ein „bloßes Ausleihen“ vermieden werden. Neben dem obligatorischen Besuch eines Seminars wird beim Verleih der Ausstellung darauf geachtet, dass vom Entleiher Kooperationspartner vor Ort vorhanden sind und eine Vernetzung verschiedener Gruppen angestrebt wird. Neben Vertretern der ausleihenden Institutionen können selbstverständlich auch interessierte Personen (Lehrer, Eltern, Klinikpersonal, Vertreter von Selbsthilfegruppen etc.) an den Seminaren teilnehmen.

Die Inhalte des Seminars gliedern sich in folgende Punkte:

Hintergrundinformationen zu Ess-Störungen
- Ursachen und Auslöser
- Erscheinungsformen
- Früherkennung
- Leitfaden für den Umgang mit Betroffenen und Angehörigen

Einsatz und Arbeitsmöglichkeiten mit der Ausstellung
- Vorstellung des interaktiven Konzeptes
- Bedeutung der kreativen Medien
- Methodenbeispiele für Unterrichtseinheiten und Projekttage
- Organisatorisches zur Ausstellung

Methoden
- Impulsreferate
- kreatives Arbeiten mit den Ausstellungstafeln
- Liedanalyse
- Kleingruppenarbeit

III. Begleit- und Arbeitsmaterial

Musiktherapeutisches Gruppenprogramm

Das Gruppenprogramm bildet den musiktherapeutischen Hintergrund zur Ausstellung und stellt die Bedeutung kreativen Handelns zur Überwindung und Prävention von Ess-Störungen in den Mittelpunkt. Das Programm richtet sich vornehmlich an Fachkräfte, die in Beratung und Therapie mit essgestörten Personen zusammenarbeiten.

Arbeitsheft zur Ausstellung

Das Arbeitsheft richtet sich an Pädagoginnen und andere Interessierte. Es enthält wichtige Informationen zu Ess-Störungen und gibt Anregungen, wie das Thema aktiv in den Unterricht integriert werden kann. Ebenso ist es zur Nacharbeit mit Gruppen geeignet, die die Ausstellung besucht haben, da es die Inhalte der Ausstellung aufgreift und Kopiervorlagen enthält. Wie im Gruppenprogramm wird auch hier der kreative, musiktherapeutische Ansatz betont, der das Projekt elementar von bekannten Programmen zur Prävention von Ess-Störungen unterscheidet.

Informationsheft für Jugendliche

Der Ausstellung liegt ein Informationsheft für Jugendliche im CD-Format bei, das die komplette Ausstellung und das gesamte Thema Ess-Störungen nochmals aufbereitet. Insbesondere kommen dort die betroffenen Frauen, die die Ausstellung wesentlich mitkonzipiert haben, zu Wort. Persönliche Gedanken zu den einzelnen Porträts und den Musikstücken stellen noch einmal eine Verbindung zwischen den Jugendlichen und den betroffenen Frauen her. Das sehr farbenfroh und persönlich gestaltete Heft versteht sich als „Geschenk" an die Besucherrinnen und Besucher und als ein „Schatz" auf den immer wieder zurückgegriffen werden kann.

CD-Rom

Auf der CD-Rom befinden sich sämtliche Bilder der Ausstellung, so dass mit diesem Medium, in Verbindung mit dem Arbeitsheft, das Thema Ess-Störungen nachhaltig in Klassen oder Jugendgruppen weiter bearbeitet werden kann.

4. Projektfinanzierung und -begleitung

Das Projekt wird logistisch und organisatorisch vom Landratsamt Bamberg, Gesundheitswesen begleitet. Finanziell wird es durch Haushaltsmittel des StUGV im Bereich Prävention, den Suchtarbeitskreis Bamberg, die Oberfrankenstiftung sowie durch Verleih- und Seminargebühren gefördert und unterstützt. Dank vieler Sponsoren konnte das Projekt im Vorfeld zügig realisiert werden. Unser Dank gilt an dieser Stelle der Oberfrankenstiftung, der Stadt Bamberg, dem Caritasverband für die Erzdiözese Bamberg e. V., dem Erzbistum Bamberg, Fachbereich Familie, der Deutschen Musiktherapeutischen Gesellschaft sowie dem Suchtarbeitskreis des Landratsamtes Bamberg.

5. Qualitätssicherung und Evaluation

Um eine Qualitätssicherung zu erreichen, ist der Besuch eines Seminars für mindestens eine Person der ausleihenden Institution verbindlich. Ebenso wird Wert darauf gelegt, dass die Ausstellung mit mindestens einem Kooperationspartner vor Ort präsentiert wird. Hiermit soll einem reinen Ausstellungsevent vorgebeugt werden. Durch die Seminare wird eine fachliche Fortbildung gewährleistet und durch die Zusammenarbeit mit Kooperationspartnern eine Vernetzung vor Ort gefördert. Sowohl die Ausstellungstermine als auch die Seminare werden evaluiert.

6. Resonanz und Ausblick

Seit Herbst 2006 ist die Ausstellung nun im Umlauf. Inzwischen konnten 14.000 Schülerinnen und Schüler mit der Ausstellung erreicht werden. Sie ist bereits bis Anfang 2010 ausgebucht und kommt mittlerweile bayernweit zum Einsatz. Neben Schulen und Jugendeinrichtungen wird sie auch vermehrt von Landratsämtern, Gesundheitszentren und Fachkliniken angefordert. Die begleitenden Seminare bieten inzwischen eine nützliche Plattform zum Austausch für Personen aus dem präventiv-gesundheitsfördernden, dem ambulant-nachsorgenden und dem stationären und teilstationären Bereich. Gerade die Vernetzung unterschiedlicher Personenkreise ermöglicht eine regionale und überregionale Zusammenarbeit, die zuvor nur selten zwischen den einzelnen Institutionen stattfand.

Im Herbst 2007 wurde das Projekt durch die Landeszentrale für Gesundheit in Bayern e.V. und das Bayerische Gesundheitsministerium mit dem 1. Preis des „Bayerischen Gesundheitsförderungs- und Präventionspreises 2007" ausgezeichnet. Zu unserer großen Freude konnte sich das Projekt in der Fachjury gegen 60 weitere hochkarätige Bewerbungen aus Wirtschaft, Medizin und Krankenkassen durchsetzen. Für die Jury war offensichtlich ausschlaggebend, dass das Konzept für die Zielgruppe gut umsetzbar ist und es nach den bisherigen Erfahrungen einen nachhaltigen Eindruck bei den jungen Leuten hinterlässt.

Diese Auszeichnung sowie die allgemeine positive Resonanz auf die Ausstellung haben auch andere Bundesländer auf das Projekt aufmerksam gemacht. So ist derzeit die Dopplung der Ausstellung für den Aufbau einer Projektzentrale in Nordrhein-Westfalen in Planung. Kooperationspartner wird hier der Diözesan-Caritasverband für das Erzbistum Köln e.V. sein.

Dank

Ein Projekt dieser Art kann grundsätzlich nur als Gemeinschaftswerk entstehen und bestehen, und so möchte ich zum Schluss meinen ganz persönlichen Dank aussprechen. Ich danke der Projektgruppe für die spannende, ideenreiche, kreative und bereichernde Zusammenarbeit. Ganz besonders danke ich den fünf jungen Frauen für ihren Mut und ihre Offenheit, sich in dieser Form der Öffentlichkeit zu zeigen. Ich danke Christine Kaufmann, die gemeinsam mit der Projektgruppe auf einfühlsame Art die Projektidee gestalterisch umsetzen konnte. Ich danke Lothar Riemer vom Landratsamt Bamberg, Gesundheitswesen, der mit großem Engagement das Projekt begleitet. Nicht zuletzt gilt mein Dank allen Sponsoren, die das Projekt finanziell unterstützt haben und damit die Realisierung ermöglichten sowie den Wise Guys, die im Oktober 2008 die Patenschaft für das Projekt übernommen haben.

Erfahrungsbericht über die Arbeit mit der Wanderausstellung „Klang meines Körpers“

Dorothea Müller

Aufmerksam auf die Ausstellung „Klang meines Körpers“ wurde ich im Herbst 2006 durch einen Hinweis und Link auf der Homepage der DGMT (heute DMTG: Deutsche Musiktherapeutische Gesellschaft).

Als langjährige musik- und psychotherapeutische Mitarbeiterin in der Abteilung für Psychosomatik der „Kliniken gGmbH“ Freyung im Bayerischen Wald schien mir die Wanderausstellung als „Projekt“ zur Einbindung in die damals aktuellen Veränderungen unserer Station unmittelbar geeignet: Wir befanden uns in der Erweiterung der Abteilung auf ca. 40 Planbetten, sowie bereits seit geraumer Zeit in der Schwerpunktbildung der Behandlung von Essstörungen. Mit dem Umzug in neue Räumlichkeiten stand im Januar 2007 die Eröffnung als *„Zentrum für Psychosomatik und Essstörungen“* bevor, benannt nach *„Ananke“*, der griechischen Göttin des Schicksals und der Wegkreuzung.

Zu diesem Anlass sollte auch in der regionalen Öffentlichkeit die Aufmerksamkeit für die Problematik und Chancen der Krankheitsbilder Anorexie, Bulimie und Esssucht geweckt werden, unser Therapiekonzept zur Behandlung und Unterstützung Betroffener auf ihren Wegen aus der Erkrankung verdeutlicht und die Zusammenarbeit mit angrenzenden Sozialeinrichtungen gefördert werden.

Als Musiktherapeutin von „Ananke“ oblag es mir, die Ausstellung vor Ort zu organisieren und dabei folgende Aspekte zu berücksichtigen:

- Vorbereitungsphase und eigene Einarbeitung in die Ausstellung
- Rahmengestaltung der Eröffnungsfeierlichkeiten mit Einbindung der Ausstellung
- Mediale Anwendung der Ausstellung in der therapeutischen Arbeit mit unseren Patienten auf Station – daraus erwachsend Gestaltung eines eigenen kreativen Projekttages
- Organisation eines präventiven Kooperationsprojektes mit dem Gesundheitsamt und dem Schulamt des Landkreises Freyung-Grafenau in Form
  1. einer Lehrerfortbildung und
  2. eines Angebotes von Führungen sowie Arbeitsprojekten für Schüler als gefährdeter Zielgruppe
- Erfahrungsaustausch, Evaluation und Dokumentation.

Vorbereitungsphase und eigene Einarbeitung in die Ausstellung

Durch das empfohlene Einführungsseminar zur medienpädagogischen Arbeit mit der Ausstellung gelang es der Initiatorin Stephanie Lahusen und den Verantwortlichen vom Landratsamt Bamberg, ihr Hauptanliegen wunderbar zu vermitteln: die hilfreiche „Vernetzung" von Kapazitäten sowie gegenseitige professionelle Unterstützung im komplexen Aufgabenfeld der Prävention und Behandlung von Essstörungen. Während die vermittelten Inhalte über die drei Krankheitsbilder informativer für die anwesenden Lehrkräfte waren, profitierte ich sehr von der angeregten Auseinandersetzung mit anderen Berufsgruppen darüber. Z. B. wurde deutlich, wie unterschiedlich sich die Beziehungsangebote von „Helfern" (Eltern, Erziehern, Sozialpädagogen, Therapeuten u. a.) im Umgang mit Betroffenen oder Gefährdeten selbst definieren und verstehen.

Die Einführung in die Arbeitsmaterialien der Ausstellung kam dadurch schließlich fast zu kurz. Dank der hervorragenden Ausarbeitung dieser Materialien (Handbuch, Arbeitsheft mit Liedtexten, Kommentaren und Kopiervorlagen, CD-Rom mit Ausstellungsbildern, CD-Zusammenstellung der verwendeten Lieder, Booklet, musiktherapeutisches Gruppenprogramm) konnte ich mich dennoch sehr gut vorbereiten und mit großer Motivation und Vorfreude an das Projekt in Freyung herantreten. Rechtzeitig galt es, ausreichend Informationsbroschüren der Bundes- und Landeszentrale für gesundheitliche Aufklärung anzufordern und für ausreichende Kopien der Liedtexte zu sorgen, damit die Besucher der Ausstellung diese bekämen.

Die Konzeption der Ausstellung erwies sich in allen Bereichen als gut durchdacht, das Handbuch enthält die vertraglichen Regelungen sowie eine genau illustrierte Anleitung für den Auf- und Abbau. Pressemitteilungen und Erfahrungsberichte von den Ausstellungsorten werden darin gesammelt und können als Vorlagen für eigene Ankündigungen oder Veröffentlichungen dienlich sein.

Unsere Ausstellung in Freyung wurde in der örtlichen Presse für die Zeit vom 15.01.2007 bis 02.02.2007 angekündigt. Damit verbunden wurde die Bekanntmachung der Neueröffnungsfeier unserer Station. Zu diesem Anlass luden wir auch zu einem „Tag der offenen Tür" in unsere Abteilung ein.

Den Aufbau von „Klang meines Körpers" übernahmen die Techniker unseres Krankenhauses im Foyer des Kurhauses der Stadt Freyung. Sie sollte morgens unserer Abteilung und den Schulklassen, nachmittags der interessierten Öffentlichkeit zugänglich sein.

Rahmengestaltung der Eröffnungsfeierlichkeiten mit Einbindung der Ausstellung

Die offizielle Ausstellungseröffnung fand im Rahmen eines Festaktes zur Neueröffnung unserer Abteilung „Ananke" im Raum der Wanderausstellung statt. Dazu waren vornehmlich Honoratioren aus Regionalpolitik und Gesundheitswesen, sowie Mitarbeiter der „Kliniken gGmbH" eingeladen. Da ich die Aufgabe hatte, einen Vortrag über die Entwicklung unserer Abteilung zu halten, konnte ich ein besonderes Augenmerk auf die erfolgreiche Einbindung von kreativen Therapien in der Behandlung von psychosomatischen Erkrankungen und Essstörungen legen, und dies mit erklärenden Hinweisen zur Ausstellung untermauern. Diese war während der gesamten Feierlichkeit ein wunderbarer Blickfang, der zum Erkunden lockte. Der Aufforderung zu Rundgang und Austausch folgten die Besucher spontan. Inhaltliches Interesse wurde geweckt, v. a. der Innenraum der Ausstellung berührte merklich, Gespräche entwickelten sich, Kontakte wurden geknüpft. Ich erhielt mehrfach die Rückmeldung, dass sich durch die Atmosphäre, die diese Ausstellung verbreitete, die Eröffnungsveranstaltung deutlich positiv von „unzähligen vergleichbaren Veranstaltungen" abgehoben habe.

Mediale Anwendung der Ausstellung in der therapeutischen Arbeit mit unseren Patienten auf Station und daraus erwachsende Gestaltung eines eigenen kreativen Projekttages

Mit Patientengruppen von jeweils ca. 10–15 Personen besuchte das therapeutische Personal der Station die Ausstellung.

Die betroffenen Patienten des Esssettings waren sehr angetan vom Aufbau, von der Idee und vor allem von der persönlichen Gestaltung der Porträts in Verbindung mit der Musik. Sie fanden sich z. T. mit ihren eigenen Themen und Gefühlen wieder, erlebten sich auf ungewohnte Weise verstanden und gut vertreten. Es berührte sie sehr, wie die emotionale Komplexität ihrer Problematik durch die Ausstellung in Kontakt zur Öffentlichkeit kommt, dass nicht nur die Probleme, sondern auch Ressourcen und Chancen der Kranken in den Fokus geraten können. Dies fehle ihnen in der Regel als Resonanz im Alltag, machten sie deutlich, in dem sie sich häufig unverstanden fühlten und mit ihren Angehörigen im Kampf ums Essen lägen. Die Ausstellung stimmte hoffnungsvoll und machte Mut, im eigenen Therapieprozess nach angemessenen eigenen Ausdrucksformen zu suchen und die Erkrankung überwinden zu lernen. *„Ich bin Betroffener und mir ist durch die Ausstellung viel bewusst geworden. Danke den Mitwirkenden"*, so äußert sich Heinz im Gästebuch.

Der Besuch der Ausstellung mit Patienten anderer Krankheitsbilder bewirkte eine andere Atmosphäre: Was vorher im Stationsalltag häufig unausgesprochen geblieben war, fand Worte, nämlich die vielen Fragen und inneren Widersprüche zu den – für Nichtbetroffene unverständlichen – Symptomen und Verhaltensauffälligkeiten Essgestörter. Viele der „sonstigen psychosomatischen" Patienten unserer Station hatten sich vor Aufnahme nie mit dieser Thematik beschäftigt und waren bisher durch die stationäre Teilgruppe des „Esssettings" schockiert bis hilflos gewesen – Reaktionen, auf die betroffene Patienten in ihrem Umfeld häufig stoßen. Durch die Auseinandersetzung mit der Ausstellung begann nun ein neuer Dialog unter den Patientengruppen. Interesse und Verständnis wurden geweckt. Man kam auf neue Weise in Kontakt mit Parallelen und Unterschieden im seelischen Erleben und erfuhr auf einmal weniger gegenseitiges Schonverhalten oder Kontaktvermeidung, sondern mehr Verständigungsbereitschaft, wie sich durch eine beispielhafte Äußerung im Gästebuch nachvollziehen lässt: „*Die Ausstellung ist sehr aussagekräftig. Liebe Essgestörte, ihr seid nicht allein mit euren Problemen,* Paula."

Bei den Essstörungs-Patienten war in der Ausstellung der Wunsch entstanden, eigene „Seelenbilder" im Rahmen der kreativtherapeutischen Angebote auf Station entstehen zu lassen und eine „stationsinterne Ausstellung" zu initiieren. Die Psychologin und ich organisierten kurzfristig einen Projekttag, an dem dann eigene Bilder, Collagen, Texte oder Lieder der Betroffenen geschaffen wurden. Dabei unterstützten sich die Patienten untereinander wie selten im Stationsalltag, nahmen intensiv Anteil aneinander, an ihren Ideen und ihren Werken. Zur Präsentation der eigenen Ausstellung hatten die Patienten sich ausgedacht, ebenfalls *interaktive* Möglichkeiten anzubieten: die Betrachtenden wurden aufgefordert, auf vorbereiteten Bildelementen Kommentare und Anregungen zu dargestellten Aspekten oder Fragen zu schreiben. Dies wurde von der gesamten Patientengruppe, dem Stationspersonal und auch von Besuchern über die nächsten Wochen hindurch aufgriffen und führte zu anhaltender intensiver Beschäftigung mit Lösungsideen zur Problematik.

Organisation eines präventiven Kooperationsprojekts mit dem Gesundheitsamt und dem Schulamt des Landkreises Freyung-Grafenau in Form von Lehrerfortbildung und Führungen für Schüler

Ich hatte über das örtliche Gesundheitsamt Kontakte zum Schulamt und schließlich zu konkreten Fachlehrern vor allem für Biologie, Ernährungs- und Hauswirtschaftslehre, Religion und Ethik geknüpft, die daran interessiert waren, mit ihren 6.–9. Klassen das Lehrplanthema „Essstörungen" mit Hilfe der Ausstellung zu vertiefen. Zudem war eine schriftliche Einladung unserer Abteilung in Kooperation mit dem Schulamt an alle Volks-, Haupt-, Realschulen und Gymnasien des Landkreises erfolgt, sich an der Nutzung der Ausstellung zu beteiligen.

1. Lehrerfortbildung

Vorbereitend für geplante Führungen von Lehrern mit ihren Schulklassen boten wir einen Fortbildungstermin für Lehrkräfte an, die von unserem Chefarzt und mir geleitet wurde.

Hieran nahmen etwa 20 Personen als Multiplikatoren der unterschiedlichen Schulen teil.

Unser Chefarzt übernahm es, inhaltliche Informationen über die Entstehung, Ätiologie, Problematik, Psychodynamik und Behandlung der verschiedenen als Essstörung klassifizierten Erkrankungen zu vermitteln und auf Fragen einzugehen. In diesem Rahmen entspann sich wiederum ein angeregter Dialog über den

Umgang mit Betroffenen, verbunden mit der Reflexion über die Rolle von Erziehern (Lehrern, Eltern) hinsichtlich präventiver Möglichkeiten. Im Anschluss führte ich meine erste Gruppe durch die Ausstellung. Während sich die Tafeln und Collagen als recht unmittelbar zugänglich erwiesen, war es mir ein Anliegen, anhand des verteilten Arbeitsheftes methodische Vorschläge für die kreative Arbeit mit den verschiedenen Elementen der Ausstellung zu vermitteln. Eine praktische Hörübung an der Hörstation sprach die Lehrergruppe sehr an und verdeutlichte ihnen die Chance intensiverer Kontaktaufnahme zu den Schülern, mit Hilfe des *Erlebens von Atmosphären*, die durch die Ausstellung vermittelt, bzw. von Gefühlen, die angeregt werden. Deren Botschaften zu reflektieren und sich überhaupt auf Perspektiven von Jugendlichen einzulassen, wurde als wichtiger Aspekt für den Umgang mit der Thematik deutlich. Die Lehrer empfanden die Einweisung in die mögliche mediale und kreative Arbeit mit Tafeln, Schatzkisten und Musik als sehr anregend und freuten sich über den Erhalt der Schautafeln auf CD-Rom, um auch im Klassenzimmer weiter damit arbeiten zu können.

2. Angebot von Führungen für Schüler als gefährdeter Zielgruppe

Im Verlauf der drei Ausstellungswochen führten die Lehrer etwa 20 Klassen der 6.–9. Jahrgangsstufen der Volks-, Haupt- und Realschulen aus der Region durch die Ausstellung, um sich mit Magersucht, Ess-Brechsucht und anderen Formen von Essstörungen auseinander zu setzen. Durch die interaktiven Medien konnten sich die Schüler sowohl über gesellschaftliche sowie persönliche oder emotionale Hintergründe für die Entstehung von Essstörungen informieren als auch sich untereinander austauschen. Die Bilder und vielfältigen Ausdrucksformen sprachen die Jugendlichen unmittelbar an, machten betroffen, weckten teilweise Verständnis, mitunter auch Solidarisierung oder gar Identifizierung mit angedeuteten Emotionen, warfen aber auch Fragen auf. In der Begleitung durch die Lehrer gelang es, einen gemeinsamen – im Schulalltag seltenen – Blick auf alltägliche Gefühlslagen Jugendlicher hinter ihre Fassaden, bzw. hinter Problemverhalten oder Erkrankung zu werfen. Bevor die Schülergruppen jede Menge Gedanken, Fragen oder Ideen zu Lösungswegen sowie Materialien und Aufforderungen zur kreativen Ausdrucksgestaltung eigener Empfindungen mitnahmen, ließen sie sich noch einmal gemeinsam im Kreis oder auf dem Boden nieder, um beispielhaft eines der Lieder gemeinsam anzuhören. Spätestens hier wurden auch die Jungs, die sich nicht insgesamt weniger für die Thematik interessierten, aufmerksam und erkannten die „Sprache“ ihrer eigenen Jugendkultur wieder. An der Hörstation hatten auch sie bereits zuvor mit dem Kopfhörer ungestört etwas Raum für ihre Stimmungen oder Gefühle finden können, ohne diese nach außen vermitteln zu müssen.

Dass nach jeder Führung einer Schülergruppe die Schatzkiste mit den bestellten Infomaterialien wieder aufgefüllt werden musste, sprach für die große Resonanz.

Schön war, dass viele Schüler sich sichtbar interaktiv ansprechen ließen, indem sie Gebrauch davon machten, ihre Eindrücke im ausgelegten Gästebuch zu hinterlassen, z. B.:

„Ich wollte nur mal sagen, dass diese Ausstellung für alle, die dies gesehen haben, ein Knüller ist. Jetzt habe ich mehr Verständnis für diese Leute…“ MfG, Antonia (14 J.)

„Hi! Mir persönlich hat die Ausstellung sehr gut gefallen, weil man einen besseren Einblick in die Krankheiten hat.“ Simone (14 J.)

„Hallo, dank dieser Ausstellung weiß ich, wie es den betroffenen Menschen wirklich geht.“ Johanna (14 J.)

„Nehmt Euch so, wie ihr seid!!!“ Daniela

„Gute Freunde können dir in vielen Bereichen helfen.“ Martina

„Wir fanden die Ausstellung sehr schön und es hat uns leicht abgeschreckt von Essstörungen!“ Namen von 16 Schülern (Realschule Freyung)

„Essen ist toll! Trinken auch!“ Namen von 14 Schülern

„War selbst schon leicht betroffen! Vieles informiert genau und hilft weiter!“ Anonym!

„Eine gelungene Ausstellung. Die Gefühlswelt der Betroffenen wird sehr gut vermittelt, was die Schüler sehr beeindruckte.“ Lehrerin

Evaluation, Erfahrungsaustausch und Dokumentation

Nach erfolgreichem Abschluss der Ausstellung erhielten wir von den Lehrern zahlreiche der vorbereiteten Evaluationsbögen, die sie z. T. mit den Schülern ausgefüllt hatten, zurück und konnten sie, zusammen mit denen aus unserer Abteilung, gesammelt an die Veranstalter nach Bamberg senden.

Die Lehrer vereinbarten z. T. mit unserem Chefarzt Folgevorträge für Schüler und/oder Eltern als Präventionsveranstaltungen in den Schulen.

Auch niedergelassene ärztliche und psychotherapeutische Kollegen, die z. B. an der Eröffnungsveranstaltung teilgenommen hatten, zeigten für weiteren fachlichen Austausch und ggf. Zusammenarbeit in der Regionalversorgung Erkrankter Interesse.

Die Einträge ins Gästebuch sowie zahlreiche Rückmeldungen aus Gesprächen bestätigten uns, dass sich die Besucher sehr hatten ansprechen und berühren lassen und zur Auseinandersetzung mit manch neuen Aspekten, vielfach mit den psychischen Dimensionen von Essstörungen, angeregt worden waren. Die Inhalte dessen und ein Dankeschön unsererseits als Veranstalter schickten wir an die E-mail-Adresse der fünf Urheberinnen der Ausstellung.

In der Presse wurden zusammenfassend Zeitungsartikel über die vielfältigen positiven Erfahrungen mit dem „Klang meines Körpers“, über die Eröffnungsfeierlichkeiten sowie die Schwerpunkt-Entwicklung unserer Abteilung „Ananke“ von der Regionalversorgung bis hin zum bayern- und inzwischen bundesweiten

Einzugsbereich von Patienten veröffentlicht. Die Berichte wurden ebenfalls nach Bamberg geschickt, um die Sammlung im Handbuch zu ergänzen.

Für mich persönlich waren die Wochen der Beschäftigung mit der Wanderausstellung eine Bereicherung in vielerlei Hinsicht. Insbesondere die in den Menschen angeregte Interaktionsbereitschaft und Kreativität hat mich sehr berührt und begeistert. Diese in meinem beruflichen Selbstverständnis als hilfreich und heilsam verstandenen Parameter sind erneut deutlich bestätigt worden. Im Austausch mit verschiedenen Fachdisziplinen entstanden tatsächlich unmittelbar und auf sehr leichte Weise Synergien von Institutionen, wie sie nicht nur in der Prävention und Behandlung von Essstörungen wünschenswert sind.

Zur Anwendung der „Operationalisierten psychodynamischen Diagnostik OPD-2" für Musiktherapeuten in der Psychosomatik und psychotherapeutischen Medizin

Hanns-Günter Wolf

1. Ausgangsituation

Seitdem sich Anfang der 50er Jahre die moderne Musiktherapie im deutschsprachigen Raum zu formieren begann, ist parallel dazu immer ein Bemühen um Anerkennung durch die „etablierte" Psychotherapie zu verzeichnen. Die Position der Musiktherapie als psychotherapeutisches Verfahren hat sich in den letzten Jahren jedoch nicht wesentlich verbessert, sonder eher verschlechtert. Eine Ursache hierfür ist, dass das 1998 verabschiedete Psychotherapeutengesetz der Musiktherapie nicht den Status eines eigenständigen psychotherapeutischen Verfahrens zuerkennt und dadurch auch Musiktherapeuten zu einer in der offiziellen psychotherapeutischen Versorgung nicht berücksichtigten Berufsgruppe macht.

Ein weiterer Grund ist aber eher uns Musiktherapeuten zuzuschreiben, denn wir selbst haben uns manchmal darauf verlassen, mit der Musik ein Medium zur Verfügung zu haben, das „per se" ressourcenaktivierend und heilsam wirkt und mit der freien musikalischen Improvisation (dem „Königsweg" der tiefenpsychologisch orientierten musiktherapeutischen Interventionen) quasi automatisch eine humane, dem Patienten zugewandte Methodik zu besitzen. Spätestens seit den Fortschritten in der Entwicklung traumatherapeutischer Verfahren ist jedoch deutlich geworden, dass das Medium Musik nicht nur heilsam ist, sondern eben auch Nebenwirkungen hat und Schaden anrichten kann. Musiktherapeutische Interventionen bedürfen daher wie jede wirksame Methode einer begründeten Diagnostik und daraus abgeleiteter Indikation und Kontraindikation.

Als dritter Grund kommt hinzu, dass wir Musiktherapeuten unsere musiktherapeutischen Diagnosen und Interventionen nicht immer in einer Sprache kommunizieren, die von den klinischen, nicht musiktherapeutischen Kollegen verstanden wird.

2. Grundsätzliche Kritik an Psychodiagnostik

Mit vielen Psychotherapeuten (mit Ausnahme der Verhaltenstherapeuten) teilen Musiktherapeuten eine erhebliche Skepsis gegenüber der Psychodiagnostik. Dieses Unbehagen fußt auf der Grundannahme, dass psychologische Phänomene nicht immer klar sind und eine eindeutige Ordnung haben, sondern häufig anders sind, als sie zunächst scheinen. Auch der Kontext, in welchem die Phänomene auftreten, ist entscheidend, um sie richtig zu verstehen. Weiterhin bleibt die menschliche Psyche nicht, wie sie ist. Sie befindet sich in stetiger Veränderung. Dies mahnt zur Vorsicht im Umgang mit vermeintlichen Realitäten, ihrer Zuordnung – und vor allem ihrer Bewertung.

Der tiefenpsychologisch-humanistische Ansatz, der von vielen Musiktherapeuten geteilt wird, widerspricht demnach grundsätzlich dem Prinzip des diagnostizierenden, klassifizierenden Ordnens. Der analysierende, diagnostische Blick des Psychotherapeuten ist in dieser Sichtweise notwendigerweise ein „gewaltsamer" Eingriff in die Freiheit des Anderen, der im Widerspruch zu einer therapeutisch akzeptierenden Haltung steht, die nicht alles wissen will und dennoch wohlwollend akzeptiert (vgl. Rudolf 2002). Besonders erscheint aber auch das intensive Beziehungsgeschehen während einer gemeinsamen musikalischen Interaktion – das ja als spezifische musiktherapeutische Besonderheit gelten kann – nicht vereinbar mit der rationalen Einordnung des Patienten in psychopathologische Kategorien.

Das Argument des inhumanen Abwertens ist aber nur ein Grund, weshalb Diagnostik und diagnostische Klassifikation ablehnt werden, es bestehen auch Zweifel an der Stimmigkeit der in dem ICD-10 System vorgegebenen Diagnosen. Diese seien an oberflächlichen Phänomenen orientiert und pseudogenau, insbesondere gäben sie keine brauchbaren therapeutischen Handlungsanweisungen und keine kreativen Anregungen für die Psychotherapie. Die tiefenpsychologisch orientierte Therapie einer Dysthymie (F34.1) verläuft behandlungstechnisch nicht wesentlich anders als die von Angst- und Depression gemischt (F41.2) oder von einer Anpassungsstörung mit längerer depressiver Reaktion (F43.2). „Das was eine Behandlung prognostisch schwierig macht oder begünstigt, was ihre zentralen Konfliktthemen sein werden, was die therapeutische Arbeitsbeziehung prägen wird, lässt sich aus den diagnostischen Begriffen nicht entnehmen, sie sind für die Indikationsstellung und Behandlungsplanung irrelevant" (Rudolf 2002, 3).

Nach Rudolf (2002) gibt es zusammenfassend folgende Bedenken in Zusammenhang mit psychologischer Diagnostik:

1. Der Vorgang der Diagnostik gefährdet die akzeptierende therapeutische Haltung und fördert eine objektivierende oder gar verfolgende Einstellung.
2. Die Patienten werden durch die Vergabe von Diagnosen etikettiert und pathologisiert.[1]

---

1 Zur Verdeutlichung dieser Gefahr ist die diagnostische Definition der histrionischen Persönlichkeitsstörung F 60.4 nach ICD 10 dargestellt:
Eine Persönlichkeitsstörung, die durch oberflächliche und labile Affektivität, Dramatisierung, einen theatralischen, übertriebenen Ausdruck von Gefühlen, durch Suggestibilität, Egozentrik, Genusssucht, Mangel an Rücksichtnahme, erhöhte Kränkbarkeit und ein dauerndes Verlangen nach Anerkennung, äußeren Reizen und Aufmerksamkeit gekennzeichnet ist.

3. Die Patienten werden durch die Speicherung und Weitergabe persönlicher Befunde versachlicht, entpersönlicht und bedroht.
4. Die vergebenen Diagnosen sind unvalide und für die Klärung psychotherapeutischer Zielsetzungen ungeeignet.

3. Gründe für Psychodiagnostik

Ein grundsätzlich ungelöstes Problem mit erheblichen Auswirkungen auf die psychotherapeutische Praxis bleibt jedoch das hohe Abstraktionsniveau der psychoanalytisch/tiefenpsychologischen Metapsychologie mit ihrem Bezug auf das – per definitionem nicht beobachtbare – Unbewusste und den damit einhergehenden Problemen bei der Erreichung eines klinischen Konsens (Interrater-Übereinstimmung):

Wenn der Krankheitsbegriff unklar bleibt, wenn nicht geklärt werden kann, ob jemand krank ist, wird es z. B. auch schwierig, zu entscheiden, ob eine Krankenbehandlung auf Kosten der Krankenkasse angezeigt ist oder ob sich der Betreffende auf eigene Kosten ein Gegenüber suchen muss, mit dessen Hilfe er seine Selbsterfahrung vertiefen kann.

Eine zweite problematische Konsequenz ist, dass, wenn nicht herausgearbeitet wurde, welche Störung vorliegt, es auch keine Möglichkeit gibt, eine störungsbezogene Behandlung zu planen. Eine Borderline-Therapie kann also für eine Borderline-Störung nicht ins Auge gefasst werden, wenn die Borderline-Diagnose nicht gesichert ist.

Für die Musiktherapie kommt als zusätzliche Problematik hinzu, dass sie als psychotherapeutische Methode nach wie vor bei klinisch psychotherapeutisch tätigen Ärzten und Psychologen nicht ausreichend bekannt ist und sich daher mit unterschiedlichen, zufälligen, skeptischen oder romantischen Vorstellungen konfrontiert sieht. Es ist daher eine grundlegende Notwendigkeit für die Integration der Musiktherapie im klinisch psychotherapeutischen Umfeld, dass sich Musiktherapeuten der dort vorherrschenden Nomenklatur souverän bedienen können. Nur so ist gewährleistet, dass die in der Musiktherapie stattfindenden Prozesse im klinischen Team verständlich und professionell kommuniziert werden.

Zusammengefasst sind demnach folgende Gründe für Psychodiagnostik zu nennen:

- Wir diagnostizieren und kategorisieren, ob wir es wollen oder nicht. Wenn das so ist, ist es besser, es bewusst und überprüfbar zu tun.
- Die früher bestehende Willkürlichkeit der Diagnosevergabe kann eingeschränkt werden.
- Vereinheitlichung der Begrifflichkeit ist Voraussetzung für Austausch und Forschung.

4. „OPD“ als Ergänzung zur ICD-10 Diagnose für psychodynamisch orientierte Psychotherapeuten

Seit 1992 wurde in mehrjähriger Arbeit im deutschsprachigen Raum von insgesamt etwa 40 psychotherapeutischen Klinikern und Forschern mit der „Operationalisierten Psychodynamischen Diagnostik – OPD“ ein System der Diagnostik im Bereich der psychodynamischen und psychoanalytischen Psychotherapie erstellt. Neben dem Wunsch, psychoanalytische Diagnostik kommunizierbar zu machen, lag ein weiteres Motiv des Projektes in der raschen und weltweiten Entwicklung der kategorialen psychiatrischen Diagnosesysteme DSM-IV und ICD-10. Diese waren mit ihrer scheinbar ätiologiefreien Orientierung von Beginn an eine Provokation für psychoanalytisch denkende Kliniker. Im Jahre 2006 erschien mit der OPD-2 die aktuelle Fassung dieses Diagnosesystems.

Nicht nur, weil sich die meisten Musiktherapeuten an einem tiefenpsychologisch orientierten Menschen- und Krankheitskonzept orientieren, hat OPD auch für die Musiktherapie eine große Relevanz. Entscheidend ist, dass mit der Operationalisierten Psychodynamischen Diagnostik erstmalig ein System zur Verfügung steht, mit dem viele der psychodynamischen Prozesse, die in der Musiktherapie stattfinden, in einer klinisch etablierten Sprache kommuniziert werden können.

Das Anliegen dieses Artikels ist es nun:

1. eine Einordnung von OPD in den Kanon psychodiagnostischer Aufgabenstellungen und Methoden vorzunehmen,
2. die grundlegende Konzeption und Operationalisierung der drei zentralen Achsen „Beziehung“, „Konflikt“ und „Struktur“ darzustellen, um jeweils anschließend
3. auf deren Bedeutung, Chancen und Perspektiven für musiktherapeutische Diagnostik und Therapieplanung einzugehen.

4.1. Die Stellung von OPD-2 im Kanon diagnostischer Ziele und Methoden

Bevor die Konzeption der zentralen Achsen der operationalisierten psychodynamischen Diagnostik im Einzelnen dargestellt wird, soll zuerst auf deren Platz im Rahmen der diagnostischen Ziele und Methoden eingegangen werden.

Nach Krampen (2004) lassen sich folgende diagnostischen Aufgabenstellungen, die es im klinisch-psychologischen Zusammenhang gibt, unterscheiden:

Aufgaben-stellung	**Beschreiben** von Verhalten und Erleben		**Analyse und Prognose** bzgl. der Krank-heitsentstehung und der Heilungs-chancen	**Überprüfung** von Interventi-onen	**Kontrolle** der Behandlungs-ergebnisse
Begriff-lichkeit	Deskriptive Status-diagnostik		Dynamische Entwicklungs-diagnostik	Prozess-evaluation	Produkt-evaluation
Strategie	Screening	Deskrip-tive Dia-gnostik	Ätiologische und Prognostische Diagnostik	Interventions-begleitende Diagnostik	Katamnese
Methoden	Beschwer-delisten, z. B. SCL-90-R	ICD 10 DSM-IV **(OPD-2 Achse 5)** (BDI; IAA...)	Verhaltensanalyse **OPD-2 (Achsen 2.3 + 4)**	Verlaufs-protokolle u. ä.	Katamnese-bogen Nachunter-suchung

Tab. 1: Systematik der klinisch-psychologischen Diagnostik und Evaluation mit zugeordneten Aufgabenstellungen (nach Krampen 2004)

4.1.1. Diagnose als das *Beschreiben* von Verhalten und Erleben

Hier hat Diagnose zum Ziel, dass einerseits die subjektiven Beschwerden des Patienten erfasst werden, diese aber auch im Rahmen eines psychopathologischen Ordnungssystems eingeordnet und kategorisiert werden. Die subjektiven Symptome werden dabei entweder von den Patienten frei beschrieben oder über Beschwerdelisten (z. B. SCL-90-R) erfasst. Die Vergabe von Diagnosen nach ICD-10 oder DSM IV geschieht entweder auf Grund obiger Informationen oder über standardisierte klinische Interviews (z. B. „SKID").
Diese sogenannte „Statusdiagnostik" hat rein deskriptiven Charakter und dient vor allem dazu, bestimmten Syndromen einen einheitlichen Namen zu geben. Eine Aussage bezüglich der Therapieplanung, der Krankheitsentstehung sowie der Heilungsprognosen lässt sich daraus in der Regel nicht ableiten. OPD-2 erkennt die Bedeutung dieser Statusdiagnostik an, indem sie ICD-10 (bzw. DSM IV) als 5. Achse berücksichtigt.

4.1.2. Diagnose als *Analyse* der Krankheitsentstehung und *Prognose* bezüglich der Krankheitsentwicklung und der Heilungschancen

Die Diagnose soll an dieser Stelle die Informationen erfassen, die zur Entwicklung konkreter therapeutischer Strategien und Interventionen notwendig sind und die somit eine effektive psychotherapeutische Behandlung garantieren. Diese sogenannte „Entwicklungsdiagnostik" untersucht die Dynamik der Erkrankung und fragt sowohl nach deren Ursachen (ätiologische Orientierung) wie auch nach deren wahrscheinlichem Verlauf (prognostische Orientierung). Hier kommen die Unterschiede der einzelnen psychotherapeutischen Schulen am deutlichsten zum Tragen.

So führt z. B. das lerntheoretische Modell psychische Symptome auf „fehlerhaftes Lernen" über „klassisches und operantes Konditionieren" oder auf ungünstige Bedingungen beim Modelllernen zurück (siehe Abb. 1).

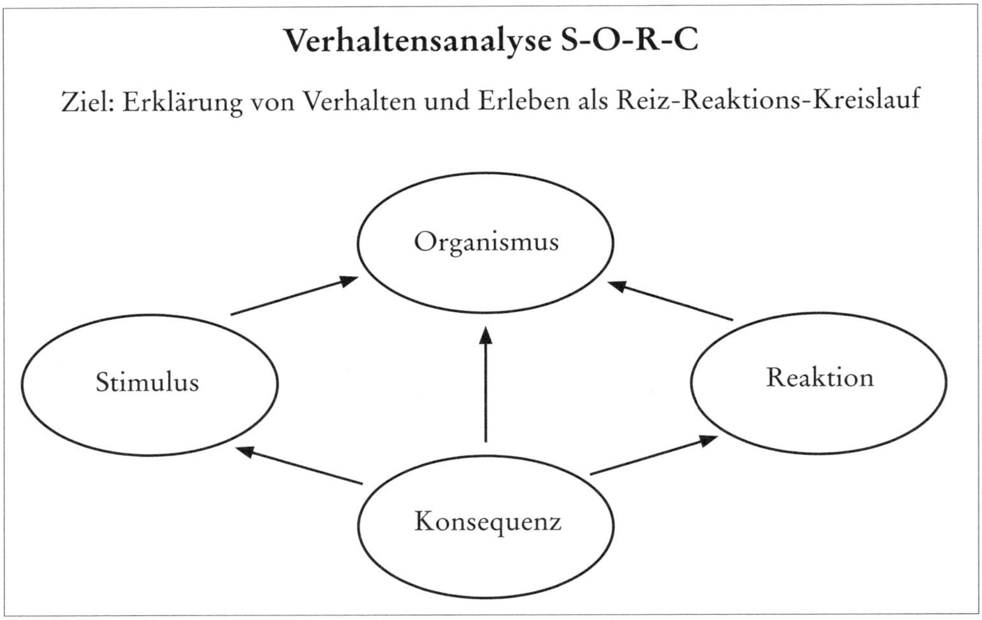

Abb. 1: Das S-O-R-C Modell (nach Kanfer & Philipps 1970)

Das tiefenpsychologische Modell sieht hingegen Symptome als Ausdruck eines unbewussten (verdrängten) Konfliktes zwischen zwei (oder mehreren) sich widersprechenden Bedürfnissen. Typischerweise ist hier der Konflikt zwischen Triebimpulsen und moralischen Über-Ich-Forderungen zu sehen.

Dies hat zur Folge, dass die unterschiedlichen therapeutischen Schulen auch unterschiedliche diagnostische Methoden entwickelt haben. Im lerntheoretischen

Modell ist z. B. die „Verhaltensanalyse“ ein möglicher Ausgangspunkt für konkrete therapeutische Interventionen.

Das tiefenpsychologische Modell hat traditionell kein entsprechend methodisch klar umrissenes Diagnostikinstrumentarium. Die Diagnose geschieht dort in mehr oder weniger strukturierten Anamnesegesprächen. Hier setzt die OPD-Diagnostik an, die das Ziel hat, für psychodynamische Phänomene wie Beziehungsmuster, Konflikte, aber auch für das zugrunde liegende persönliche Strukturniveau klar operationalisierte Kriterien zu definieren, um darauf aufbauend nachvollziehbar diagnostizieren zu können.

Der Vollständigkeit halber sind in obiger Tabelle noch die Ziele „4.1.3. Diagnose als *Überprüfung* von therapeutischen Interventionen und des Therapieverlaufes“ sowie „4.1.4. Diagnose als katamnestische *Kontrolle* des Behandlungserfolges“ angegeben. Auf diese diagnostischen Aufgabenstellungen soll aber im Rahmen des Artikels nicht vertieft eingegangen werden.

4.2. Aufbau der OPD

Als therapierelevante diagnostische Aspekte wurden entsprechend der klinischen Erfahrung, aber auch der psychoanalytischen Denktradition zunächst das bewusste Krankheitserleben und die subjektiven Behandlungsvoraussetzungen angesehen, des weiteren typische und maladaptive Beziehungsmuster und zentrale vorbewusste Konflikte sowie zuletzt die Einschätzung struktureller Fähigkeiten und Merkmale der Persönlichkeit. Eine fünfte Achse nimmt die syndromale Diagnostik der ICD-10 auf, ergänzt durch einige Aspekte psychosomatischer Störungen.

Die OPD konstituiert sich somit aus vier psychodynamischen Achsen und einer deskriptiven Achse:

1. Krankheitserleben und Behandlungsvoraussetzungen
2. Beziehung
3. Konflikt
4. Struktur
5. Psychische und Psychosomatische Störungen.

Zentral für die Beschreibung psychodynamischer Zusammenhänge sind:

Achse 2: Das Muster der Beziehungsgestaltung (Grande et al. 1997)

Achse 3: Das Muster unbewusster Konflikte (Heuft et al 2000)

Achse 4: Das Muster der strukturellen Fähigkeiten und Vulnerabilitäten (Rudolf et al., 1996, 1998).

Wichtig ist dabei, dass jedes dieser drei Elemente aus mehreren Dimensionen zusammengesetzt ist, die als Ganzes ein Muster des Erlebens und Verhaltens eines bestimmten Menschen bilden.

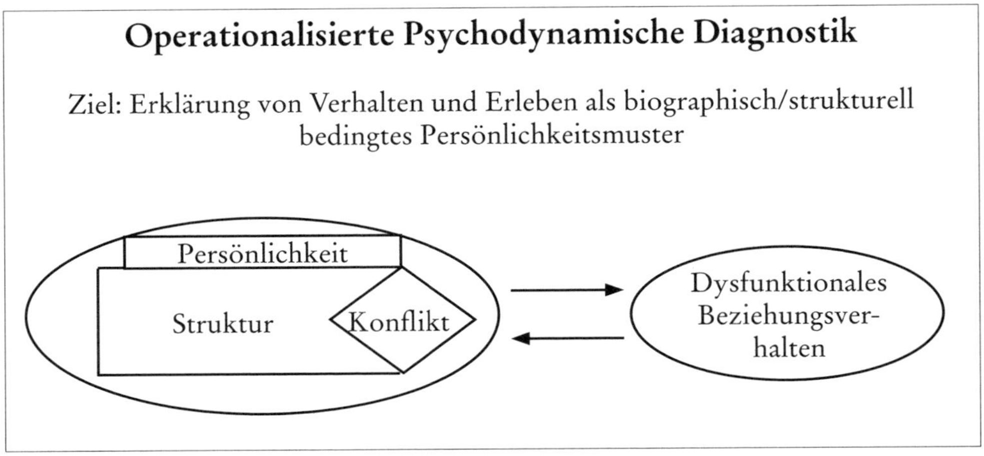

Abb. 2: *Das OPD Modell (siehe auch OPD-2, 35 - 46)*

Im Folgenden wird auf die Konzeptualisierung und Operationalisierung der zentralen Achsen „Beziehung“, „Konflikt“ und „Struktur“ eingegangen, um dann deren diagnostisches Potential für musiktherapeutische Fragestellungen zu untersuchen.

4.2.1. Beschreibung der Achse II – „Beziehung“

Die Abbildung von dysfunktionalen bzw. maladaptiven Beziehungsmustern ist in den letzten Jahren in das Zentrum der psychodynamischen und psychotherapeutischen Forschung gerückt. Wie ein Mensch seine Beziehungen zu anderen lebt und erlebt, ist besonders in der psychodynamischen Psychotherapie von zentraler Bedeutung. Aus deren Sicht tragen intrapsychische Konflikte ganz wesentlich zu dysfunktionalem Beziehungsverhalten bei. Von der individuellen Beziehungsgestaltung kann wiederum auf intrapsychische Konflikte zurückgeschlossen werden.

4.2.1.1. Operationalisierung von „Beziehung“ in der OPD-2

Um krankmachendes interpersonelles Verhalten identifizieren zu können, ist es notwendig, dass zuerst die Frage geklärt wird, in welchen Dimensionen sich ein Beziehungsgeschehen denn eigentlich bewegt und welche Ausprägungen diese Dimensionen dabei einnehmen können.

OPD greift bei der Operationalisierung des Konstruktes „Beziehung“ vor allem auf die *„Strukturale Analyse Sozialen Verhaltens“* (SASB) (Benjamin, 1974; Tress, 1993) zurück. SASB seinerseits baut auf die interpersonale Theorie von Sullivan (1953) und den Circumplex-Modellen interpersonalen Verhaltens (Leary, 1957) auf, die mit „Affiliation“ und „Interdependenz“ zwei voneinander unabhängige Grunddimensionen postulieren. Diese wurden von OPD in leicht abgeänderter Form übernommen und es wird konzipiert, dass alle interpersonellen Beziehungen als Mischverhältnis der folgenden beiden Grunddimensionen bestimmt werden können:

- Das *Ausmaß der Kontrolle* (mit den Ausprägungen von dominant-kontrollierend bis subversiv-unterwürfig) und
- das *Ausmaß an Affiliation* (mit den Ausprägungen liebevoll-zugewandt bis feindselig-distanziert).

Als dritte Dimension kann die Perspektive angesehen werden, auf die sich das Beziehungsverhalten richtet. Die drei Möglichkeiten, die SASB dabei berücksichtigt, sind:

- Das eigene Beziehungsverhalten bezogen auf Andere.
- Das Beziehungsverhalten Anderer bezogen auf mich.
- Mein Verhalten bezogen auf mich selbst. Diese Dimension wurde von OPD-2 nicht übernommen, findet jedoch in der OPD-KJ (Operationalisiere Diagnostik im Kinder und Jugendalter) Verwendung.

Die unendliche Vielzahl zwischenmenschlicher Interaktionen wurde hierbei auf wesentliche Grundkategorien, die reliabel und valide erschließbar sind, reduziert, sodass die beiden unten stehenden Kreismodelle als reliables Abbild zwischenmenschlicher Beziehungen entstanden.

Abb. 3: Interpersonelles Verhalten zentriert auf ein Gegenüber (OPD-2, 196 mit gekennzeichneter „Affiliations-Achse")

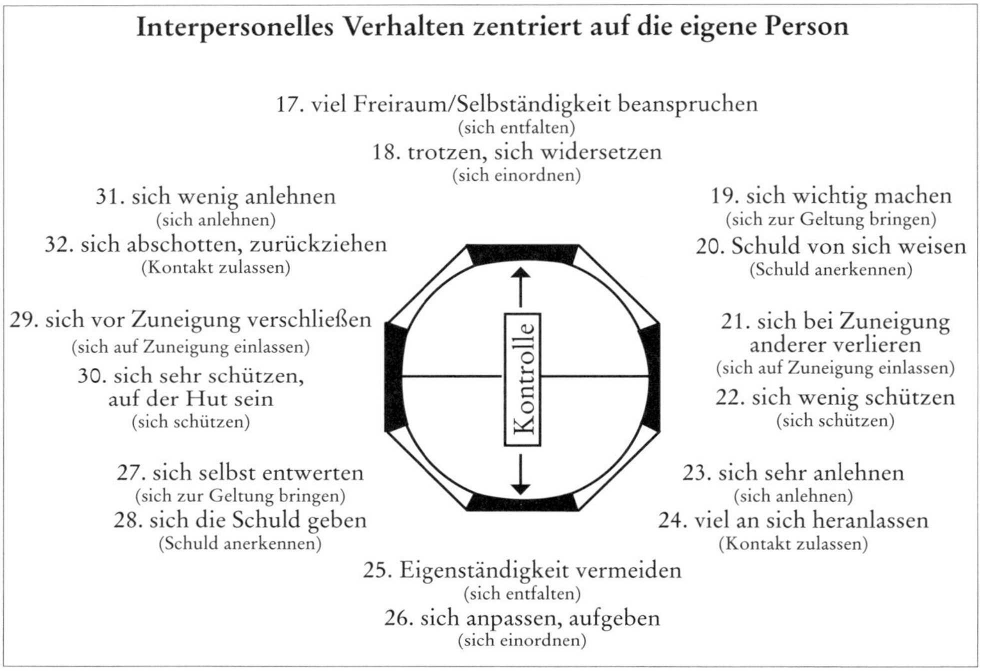

Abb. 4: Interpersonelles Verhalten zentriert auf die eigene Person (OPD-2, 196 mit gekennzeichneter „Kontrolle-Achse")

4.2.1.2. OPD-2 Beziehungsdiagnostik

OPD-2 bietet zwei Formen der Beziehungsdiagnostik an:

- in erster Linie die „Individualisierte Diagnose dysfunktionaler Beziehungsmuster" und
- als Erweiterung der OPD-2 zur OPD-1 ein Themen- und Ressourcenrating zur Bestimmung von Beziehungsthemen, die besonders problematisch sind oder besonders kompetent bewältigt werden.

Auf die Beschreibung der Diagnose problematischer oder kompetent bewältigter Beziehungsthemen wird im Rahmen dieses Artikels nicht eingegangen und es sei deshalb auf OPD-2 S. 202ff. verwiesen.

Das *zentrale dysfunktionale Beziehungsmuster* wird in der OPD-Beziehungsdiagnose durch die Untersuchung von vier interpersonellen Positionen erfasst, d. h. durch die Beschreibung des Verhaltens des Patienten und seiner Interaktionspartner aus zwei Erlebnisperspektiven, nämlich aus derjenigen des Patienten selbst und aus jener der Anderen (Objekte). Bei der Beschreibung wird eine Standardliste von Beziehungsitems verwendet, die aus obigem Circumplex-Modell generiert wurde. Durch eine beziehungsdynamische Formulierung werden die vier Positionen so

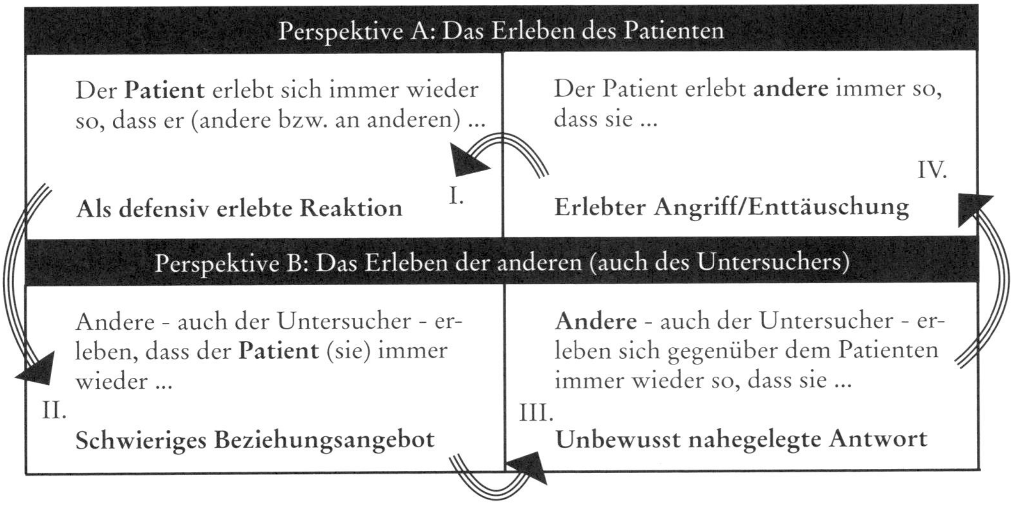

Abb. 5: Schema der Beziehungsdiagnostik nach OPD-2, 197

miteinander verbunden, dass der dysfunktionale Charakter des Musters verstehbar und dessen Persistenz erklärbar wird (siehe OPD-2 S. 197 ff).

4.2.1.3. Übertragung des OPD-Beziehungskonzeptes auf musiktherapeutische Interaktion

Musik kann als das Beziehungsmedium schlechthin angesehen werden. Es gibt wohl keine menschliche Ausdrucksmöglichkeit, die mehr nach Beziehung und Interaktion „verlangt“ als der musikalische Ausdruck. Nur mit Musik sind Orchester und Chöre von 100 Menschen und mehr sinnvoll. Verbal kann hingegen „immer nur Einer reden“ und beim gemeinsamen Malen besteht auch immer die Gefahr, von Anderen überdeckt zu werden. Klänge hingegen mischen sich nicht, sondern sie bilden einen Zusammenklang. So kann die Musiktherapie für sich beanspruchen, dass eine musikalische Interaktion die Beziehungsdynamik zwischen Menschen oder innerhalb einer Gruppe so differenziert wie kein anderes Medium abbildet.

Wenn diese Annahme zutrifft, ist natürlich die Frage interessant, wie sich das Beziehungsgeschehen innerhalb einer musikalischen Interaktion denn diagnostizieren lässt? Wodurch erlebe ich welche Beziehungsdynamik?

Nahe liegend ist hierbei die Idee, auf die von der Musiktherapeutin Karin Schumacher entwickelte Einschätzungsskala der Beziehungsqualität (EBQ, Schumacher 1999) zurückzugreifen, die aufbauend auf die Entwicklungstheorie Daniel N. Sterns die Qualität einer zwischenmenschlichen Beziehung in sieben Modi einteilt. Bei näherer Betrachtung zeigt sich jedoch, dass dieser spannende Ansatz eher das strukturelle Niveau einer Beziehung einschätzt und nicht direkt deren konkrete Dynamik. Aus diesem Grunde wird EBQ in diesem Artikel später bei der Beschreibung der OPD-Strukturachse Berücksichtigung finden.

Konkret auf die Dynamik der Beziehung hin formuliert lautet die Frage: „Wie kann über musikalische Mittel der Grad von Kontrolle oder Freiheit erkannt bzw. reguliert werden und wie das Maß an Zuneigung oder Ablehnung?"

Eine Quelle der Anregung könnte hier die Komponentenlehre von Fritz Hegi (1986) sein.

Dieser postuliert als musiktherapeutische Grundelemente diejenigen in der Musik enthaltenen Komponenten, die therapeutische Wirkung haben. Tabelle 2 führt die fünf Komponenten auf, die Hegi unterscheidet und welchen er verschiedenen Qualitäten und „Bereiche" zuordnet.

Archaischer Bereich	**Klang** Schwingung, Gefühl, mütterliches Prinzip		**Rhythmus** Struktur, Handlung, väterliches Prinzip
Gestaltender Bereich		**Melodie** Gestalt, Geist, kindliches Prinzip	
Integraler Bereich	**Dynamik** Wille, Kräfte, Energie, Hintergrund		**Form** Grenzen, Übergänge, Figur, Wandelbarkeit

Tab. 2: Die fünf musikalischen Komponenten (nach Hegi 1986)

Jeder Versuch einer Kategorisierung von musikalischem Ausdruck ist natürlich auch hier eine Reduzierung der Wirklichkeit und wird immer auch berechtigten Widerspruch hervorrufen. Am ehesten plausibel könnte aber die Hypothese sein, dass die grundlegenden Beziehungsdimensionen Kontrolle und Affiliation eine musikalische Entsprechung in den von Hegi „archaisch" genannten Komponenten Rhythmus und Klang finden könnten.

Die Beziehungsdimension „Kontrolle" könnte dann musikalisch/rhythmisch z. B. folgende Entsprechungen haben:

Beziehungs-dimension	Maximale Kontrolle „aktive" Vermeidung von Bezogenheit	Flexibilität in der Kontrolle/Bezogenheit	„Passive" Vermeidung von Kontrolle/ Bezogenheit
Musikalisch/ rhythmische Dimension	Rigider 2/4 oder 4/4 Takt (Fußballplatz-rhythmus)	3/4 Takt bzw. 6/8 Takt; oder flexibles, sich nachvollziehbar veränderndes Metrum	Kein erkennbares Metrum

Tab. 3: Musikalische Entsprechung der Beziehungs-Dimension „Kontrolle"

Die Beziehungsdimension „Affiliation“ könnte dagegen musikalisch/klanglich folgende Entsprechung haben:

Beziehungs-dimension	Liebevolle Zuwendung	Kontakt-Konflikt	Destruktive Ablehnung
Musikalisch/ klangliche Dimension	Konsonanz Obertonspektrum zarte, leisere Saiten oder Glockenklänge	Dissonanzen Reibeklänge klare/laute Holz- oder Fellklänge	Desonanz, Cluster undifferenzierter Lärm sehr laut und chaotisch

Tab. 4: Musikalische Entsprechung der Beziehungs-Dimension „Affiliation“

Ich möchte an dieser Stelle nochmals betonen, dass diese Zuordnung einen ersten Versuch darstellt und nicht den Anspruch einer „Wahrheit“ erhebt. Sie möchte vielmehr Anregung und Inspiration dafür sein, eine Diskussion darüber zu beginnen, wie bei uns Musiktherapeuten der Eindruck eines bestimmten Beziehungsgeschehens innerhalb einer musikalischen Interaktion denn eigentlich entsteht und wie wir diesen Eindruck dann unseren nicht musiktherapeutisch tätigen Kollegen in deren Sprache am besten vermitteln können.

4.2.2. Beschreibung der Achse III: Konflikt

Konflikt meint in seiner allgemeinen Bedeutung das Zusammentreffen unterschiedlicher Positionen innerhalb einer Person (Widerstreit von Motiven, Wünschen, Werten und Vorstellungen) oder zwischen mehreren Personen. Konflikte sind ein universelles Phänomen. Seit Freud wird im psychodynamischen Denken diesen inneren Konflikten eines Menschen ein zentraler Stellenwert zugewiesen. Psychodynamische Konflikte sind innere, unbewusste Konflikte und müssen abgegrenzt werden von äußeren Belastungen oder konflikthaften Belastungen. Die Bedeutung innerseelischer, unbewusster Konflikte bei der Entstehung seelischer und psychosomatischer Störungen wird heute kaum noch in Frage gestellt. Aber auch äußere und innere bewusste Konflikte können, sofern sie anhaltend und intensiv genug sind, zu Störungen führen und in diesem Sinne konflikthaft wirken. Unbewusste innerpsychische Konflikte sind innerseelische Zusammenstöße entgegengerichteter Motivationsbündel. Z. B. ist der Wunsch, versorgt zu werden, dem, autark zu sein, entgegengesetzt.

Diese unbewussten zeitlich überdauernden, „neurotischen“ Konflikte beschreiben die Fixierung in einem rigiden und unauflösbaren Entweder-oder, ohne dass es zu einer Lösung oder Entscheidung kommen kann. Äußere und innere konflikthafte Belastungen hingegen sind bewusst und grundsätzlich dem Menschen einer Verarbeitung und Lösung zugänglich. Als ein derartiger Konflikt ist z. B. die durch äußere Gründe als unaufhebbar geltende Gegensätzlichkeit des Wunsches einer Person nach Ehe und Familie gegenüber dem Wunsch nach beruflicher Karriere zu nennen. Die zeitlich überdauernden psychodynamischen Konflikte sind hingegen gekennzeichnet durch festgelegte Erlebensmuster eines Menschen. Dieser Mensch reagiert in entsprechenden Situationen immer wieder mit ähnlichen Verhaltensmustern, ohne dass diese dem Menschen bewusst wären.

Psychodynamische Konflikte wurden mit der Entwicklung des Instanzenmodells durch Freud im Wesentlichen als intrasystemische Konflikte, also Konflikte zwischen Ich und Es, Ich und Über-Ich, Ich und Realität angesehen.

4.2.2.1. Operationalisierung von „Konflikt" in der OPD

In der OPD werden folgende innere, zeitlich überdauernde Konflikte unterschieden:

1. Individuation vs. Abhängigkeit
   Gefühl existentieller Bedrohung im Bereich von Nähe-Distanz/Separation-Individuation;
   Leitaffekt: Angst durch Nähe oder/und Distanz
2. Unterwerfung vs. Kontrolle
   Selbst- und Fremdkontrolle ist erlebensbestimmend;
   Leitaffekt: Ärger, Wut, Furcht (interpersonell); Scham, Schuld, Angst (intrapsychisch)
3. Versorgung vs. Autarkie
   Erleben von Verlust- u./o. Versagungsangst;
   Leitaffekt: Trauer, Depression
4. Selbstwertkonflikte
   Leitaffekt: Scham (passiv), Gereiztheit/Ärger (aktiv), Thema stark/schwach; groß/klein
5. Über-Ich und Schuldkonflikte
   Leitaffekt: Schuld (Thema gut/böse)
6. Ödipal-sexuelle Konflikte
   Über-Ich/Es-Konflikte;
   Leitaffekt: Koketterie/Abwehr, Erotisierung
7. Identitätskonflikte
   widersprüchliche Selbstrepräsentanzen mit Unsicherheit/Unlust.

Diese Auswahl ist auf der einen Seite traditionell psychodynamisch. Das gilt besonders für den Abhängigkeits-, den Dominanz-, den Schuld- und den ödipalen Konflikt. Sie ist aber auch neu in der Herausarbeitung von Motivationssystemen und Konflikten, vor allem des Konflikts Versorgung vs. Autarkie und des „reinen" Identitätskonfliktes (siehe OPD-2 S. 111). Die Leitaffekte konnten bisher nicht validiert werden.

4.2.2.2. OPD-2 Konfliktdiagnose

Die einzelnen Konflikte werden mit Hilfe einer Konfliktcheckliste genau operationalisiert und definiert. Der Aufbau dieser Konfliktcheckliste wird am Beispiel des Konfliktes Individuation vs. Abhängigkeit dargestellt:

Individuation vs. Abhängigkeit – Konfliktbeschreibung:	
• Existentielle Bedeutung von Selbständigkeit in Beziehungen. • Spannung zwischen der Suche nach enger Beziehung und intensiver Nähe (Abhängigkeit) und dem Streben nach betonter Selbständigkeit und ausgeprägter Distanz (Individuation)	
Allgemeine Kriterien:	
Passiver Modus	**Aktiver Modus**
Typus: Enge Beziehungen (fast) um jeden Preis.	**Typus:** Übersteigerte emotionale und existentielle Unabhängigkeit
Leitaffekt: Existenzielle Angst bei Verlust, Trennung und Einsamkeit	**Leitaffekt:** Existentielle Angst vor Nähe, Vereinnahmung und Verschmelzung
Gegenübertragung/Interaktion: Sorge und Verantwortung, Befürchtung von überstarken Nähewünschen	**Gegenübertragung/Interaktion:** Kaum Verantwortungsgefühl, wenig Fürsorge und Schutz

Tab. 5: Checkliste des Autonomie-Abhängigkeits Konfliktes (nach OPD-2, 417)

Die Checkliste beginnt mit einer Beschreibung der grundlegenden Themen des Konflikts. Im Weiteren wird dieser sowohl in seinem „passiven Modus“ – d. h. dem Konfliktthema wird (passiv) nachgegeben – sowie in seinem „aktiven Modus“ – d. h. das Konfliktthema wird (aktiv) vermieden – beschrieben. Als wichtiges diagnostisches Kriterium gelten dabei jeweils die Leitaffekte, die der Patient erlebt, sowie die voraussichtlichen Gegenübertragungen und Beziehungsinteraktionen.

Anschließend wird dargestellt, wie sich dieser Konflikt in den wesentlichen Lebensbereichen eines Menschen manifestiert. Dies sind die Lebensbereiche:

1. Herkunftsfamilie
2. Partnerschaft/Familie
3. Beruf und Arbeitswelt
4. Besitz und Geld
5. Soziales Umfeld
6. Körper/Sexualität
7. Erkrankung.

Anhand dieser Checkliste wird jeder der Konflikte auf einer 4-stufigen Skala von „nicht vorhanden“ bis „sehr bedeutsam“ eingeschätzt.

4.2.2.3. Musiktherapeutische Erweiterung der Konfliktachse

Aus der oben dargestellten Konzeption wird deutlich, dass innerhalb eines musiktherapeutischen Settings alleine ein Konflikt nicht sicher diagnostiziert werden kann, da dieser sich ja in vielen Lebensbereichen manifestieren muss. Sinnvoll ist aber dennoch der Versuch, die Konfliktcheckliste quasi um den „Lebensbereich Musiktherapie" zu erweitern. Damit wäre die Möglichkeit gegeben, dass im therapeutischen Team, wenn ein Patient innerhalb der Musiktherapie ein bestimmtes Verhalten/Erleben zeigt, in begründeter Weise die Frage nach dem Vorliegen einer bestimmten Konfliktdynamik gestellt werden könnte.

Zur musiktherapeutischen Erweiterung der Konfliktcheckliste muss die Frage untersucht werden, wie sich denn ein bestimmter Konflikt innerhalb des musiktherapeutischen Settings darstellt.

Beispielhaft sei für den Konflikt Individuation vs. Abhängigkeit die Erweiterung der OPD-Konfliktcheckliste dargestellt. Diese Erweiterung wurde im Rahmen eines OPD-Einführungsseminars durch Konsens von 12 Musiktherapeuten mit mehrjähriger Berufserfahrung erarbeitet.

<table>
<tr><td colspan="2">Für die Diagnose des Individuations- vs. Abhängikkeitskonfliktes geeignete musiktherapeutische Angebote:
• grundsätzlich: regressionsfördernde oder tranceinduzierende Angebote
• rezeptiv: z. B. Klangreise vor allem mit dem Monochord
• aktiv: z. B. gleichmäßiges „Links-Rechts-Metrum" im Trommelkreis</td></tr>
<tr><td>Passiv</td><td>Aktiv</td></tr>
<tr><td>• Klangreise mit dem Monochord löst intensive Sehnsucht aus, Ende der Klangreise existenzielle Verlassenheitsgefühle
• Beim „Links-Rechts-Metrum" entsteht Angst davor, überhaupt hörbar zu werden oder das Gruppenmetrum nicht mithalten zu können</td><td>• Deutlich negative Gefühle bei rezeptiven MT-Angeboten
• Grundsätzliche Ablehnung von MT wegen der potentiell regressionsfördernden Wirkung
• Beim „Links-Rechts-Metrum" entstehen massive negative und destruktive Assoziationen (Marschkolonne von Soldaten, Trommel zum Schafott u. ä.)</td></tr>
</table>

Tab. 6: Musiktherapeutische Erweiterung der Konfliktcheckliste des Konfliktes „Individuation vs. Abhängigkeit"

Für die anderen in der OPD-2 benannten Konflikte kann nun in ähnlicher Weise eine Erweiterung der Konfliktcheckliste vorgenommen werden. Damit wäre die Möglichkeit geschaffen, im Rahmen eines musiktherapeutischen Settings gezielt nach der Bedeutung bestimmter Konfliktdynamiken zu fragen.

4.2.3. Beschreibung der Achse IV: Struktur

Der Begriff „Struktur“ umfasst die Gesamtheit von Persönlichkeitsmerkmalen, die im Zuge der lebensgeschichtlichen Entwicklung zu „festgefügten“ psychischen Dispositionen geworden sind. Sie umfassen alles, was im Verhalten und Erleben des Einzelnen regelhaft und repetitiv abläuft.

Struktur bezieht sich auf die Vulnerabilität der Persönlichkeit, die Disposition zur Krankheit und die Kapazität zur Verarbeitung von inneren Konflikten und äußeren Belastungserfahrungen. Je reduzierter das Strukturniveau ist, desto schwieriger wird es, stabile Konfliktmuster zu identifizieren. Bei desintegriertem Strukturniveau wird ein weitgehendes Fehlen von eindeutig erkennbaren Konflikten registriert.

Struktur ist nicht starr und unveränderlich, sondern zeigt lebenslang Entwicklungsprozesse. Gleichwohl ist die Veränderungsgeschwindigkeit dieser Prozesse so langsam, dass der Eindruck von Konstanz überwiegt. Somit bezieht sich der in der OPD verwendete Strukturbegriff nicht auf das topographische Strukturmodell von Freud (Es, Ich, Über-Ich) und auch nicht auf das traditionelle Modell der Neurosenstruktur (schizoid, depressiv, zwanghaft, hysterisch). Es finden sich eher Überschneidungen mit dem traditionellen Konstrukt der Ich-Funktionen.

Die oben beschriebenen Grundkonflikte sind für alle Menschen von großer Bedeutung. Ihre Integration hängt aber von den strukturell vorgegebenen Verarbeitungsmöglichkeiten bzw. Defiziten des Einzelnen ab. Dabei wird davon ausgegangen, dass strukturelle Defizite vor allem in der Folge von (sequentiellen) Traumatisierungen und schweren Beziehungsbeeinträchtigungen entstehen.

4.2.3.1. Operationalisierung von Struktur in OPD-2

Die strukturellen Funktionen werden in OPD-2 in vier strukturelle Dimensionen gegliedert, die sich jeweils auf das Selbst und die Objekte beziehen lassen. Jede dieser acht Gruppen enthält drei Strukturitems, so dass die gesamte Liste 24 Strukturmerkmale umfasst.

1. Kognitive Fähigkeit – Wahrnehmung	
Selbstwahrnehmung	**Objektwahrnehmung**
1.1. Selbstreflexion	1.4. Selbst-Objekt-Differenzierung
1.2. Affektdifferenzierung	1.5. Ganzheitliche Objektwahrnehmung
1.3. Identität	1.6. Realistische Objektwahrnehmung

2. Steuerungsfähigkeit	
Selbststeuerung	**Regulation des Objektbezugs**
2.1. Impulssteuerung	2.4. Beziehungen schützen
2.2. Affekttoleranz	2.5. Interessenausgleich
2.3. Selbstwertregulation	2.6. Antizipation
3. Emotionale Kommunikation	
Kommunikation nach innen	**Kommunikation nach außen**
3.1. Affekt erleben	***3.4. Kontaktaufnahme***
3.2. Phantasie nutzen	***3.5. Affektmitteilung***
3.3. Körperselbst	3.6. Empathie
4. Bindung	
Bindung innen	**Bindung außen**
4.1. Internalisierung	***4.4. Bindungsfähigkeit***
4.2. Introjekte nutzen	4.5. Hilfe annehmen
4.3. Variable Bindung	4.6. Bindung lösen

Tab. 7: Strukturdimensionen mit den dazugehörigen Strukturitems (siehe OPD-2, 259 – 273)

4.2.3.2. OPD-2 Strukturdiagnose

Für jede strukturelle Dimension und jedes Item lässt sich eine Intensität der strukturellen Einschränkung beschreiben. Die OPD-Struktureinschätzung unterscheidet folgende vier Niveaus der strukturellen Integration: gut, mäßig, gering und desintegriert. Die vier Stufen sind inhaltlich definiert, wobei auch die Markierung von Zwischenstufen möglich ist.

Eine *gut integrierte* Struktur zeichnet sich folgendermaßen aus:
- Relativ autonomes Selbst
- Fähigkeit zur Selbstreflexion
- Fähigkeit zur Selbststeuerung
- Empathiefähigkeit
- Zentrale Angst ist: Die Zuneigung des Objektes zu verlieren.

Eine *mäßig integrierte* Struktur zeichnet sich folgendermaßen aus:
- Destruktive intrapsychische Konflikte
- Selbstentwertende Tendenzen
- Übersteuerung

- geringe Empathiefähigkeit
- Zentrale Angst ist: Das wichtige Objekt zu verlieren.

Eine *gering integrierte* Struktur zeichnet sich folgendermaßen aus:

- Geringe Differenzierung psychischer Strukturen
- Konflikte sind interpersonell
- Selbstreflexion fehlt
- Untersteuerung, Impulsdurchbrüche, Kränkbarkeit
- Zentrale Angst: Zerstörung des Selbst, durch das böse Objekt oder durch dessen Verlust.

Eine *desintegrierte Struktur* zeichnet sich folgendermaßen aus:

- Selbst- und Affektregulation durch postpsychotische, posttraumatische oder perverse Abwehrmuster
- Konfundierte Selbst- und Objektbilder
- Keine empathische Objektwahrnehmung
- Keine Verantwortungsübernahme für eigene Affekte und Impulse
- Zentrale Angst: Symbiotische Verschmelzung von Selbst und Objekt mit Selbstverlust.

Diagnostisch gibt es unterschiedliche Zugänge zur Einschätzung der Struktur. Einmal kann geprüft werden, ob der Patient über die beschriebenen strukturellen Fähigkeiten verfügt (wie gut ist jemand in der Lage, sich zu reflektieren, zu steuern usw.?). Zum anderen können aus den Berichten des Patienten Auffälligkeiten entnommen werden, die auf das Fehlen struktureller Fähigkeiten hinweisen. Ähnlich wie bei der Konfliktdiagnose wird mit Hilfe einer Strukturcheckliste nun für jedes der 24 Strukturitems dessen Ausprägung auf diesen vier Niveaus operationalisiert. Beispielhaft ist die Strukturcheckliste für das Item 2.2 Affekttoleranz dargestellt:

2.2. Affekttoleranz (Sich von Affekten distanzieren und Affekte regulieren):			
Gut integriert	Mäßig integriert	Gering integriert	Desintegriert
Auch heftige, negative oder ambivalente Affekte können erlebt und ausgedrückt werden.	Heftige und speziell negative Affekte können schlecht ertragen werden; sie werden bevorzugt übersteuert reguliert.	Negative Affekte können überfluten und unerträglich werden, so dass sie impulsives Verhalten auslösen.	Intensive und speziell negative Affekte können nicht ertragen werden und hochgradige Erregung auslösen, so dass sie reflektorisch durch Gegenhandlungen beantwortet werden.

Tab. 8: Strukturcheckliste für das Item 2.2. „Affekttoleranz“ (OPD-2, 435)

4.2.3.3. Musiktherapeutische Erweiterung der Strukturachse:

In besonderem Maße ist es die Strukturachse, die für die Musiktherapie Anregung gibt. So liegt es nahe, die Strukturitems aus Tabelle 7 dahingehend zu befragen, welche Items solche Störungsmuster beschreiben, die in besonderer Weise durch das Medium Musik oder durch das musiktherapeutische Setting diagnostiziert und therapiert werden können. Mit der Beantwortung dieser Frage würde eine begründete Standortbestimmung der Musiktherapie im Kanon der psychotherapeutischen Methoden möglich.

Das weit verbreitete Selbstverständnis vieler Musiktherapeuten geht davon aus, dass gerade diejenigen Items, die mit Emotionen/Affekten und Kommunikation zu tun haben, durch musiktherapeutische Angebote erreicht werden. Dies beträfe die Items:

1.2. Affektdifferenzierung,
2.1. Impulssteuerung,
2.2. Affekttoleranz,
3.1. Affekte erleben,
3.4. Kontaktaufnahme und
3.5. Affektmitteilung.

Weiterhin wird von Musiktherapeuten auch die Nähe der musikalischen Improvisationen zu frühen bindungsschaffenden Interaktionen betont. Dies würde noch das Item 4.4. Bindungsfähigkeit als besonders durch Musiktherapie erreichbar postulieren. Diese Items sind in Tabelle 7 deshalb ***fett und kursiv*** gekennzeichnet.

Auch dies soll jedoch nur ein Vorschlag sein und natürlich können im musiktherapeutischen Setting auch die meisten anderen Strukturdimensionen therapeutisch behandelt werden. So ist es nicht die Absicht, Musiktherapie auf bestimmte Strukturdimensionen zu reduzieren, sondern eine Diskussion innerhalb der musiktherapeutischen Landschaft anzustoßen, sich auf dem Hintergrund von OPD-2 über die Stärken und Besonderheiten der Musiktherapie auszutauschen.

Ebenso wie bei der Konfliktachse soll an Hand des Items 2.2 Affekttoleranz beispielhaft dargestellt werden, wie eine musiktherapeutische Erweiterung der Strukturcheckliste aussehen könnte.

2.2. Affekttoleranz: Sich von Affekten distanzieren und Affekte regulieren	**Musiktherapeutisches Setting:** Freie Improvisation; Klangbilder **Konkrete Aufgabe bzw. Frage:** Wie groß ist das Erlebens- und Ausdrucks-spektrum für starke Affekte?
Gut integriert	
Auch heftige, negative oder ambivalente Affekte können erlebt und ausgedrückt werden.	Die musikalische Darstellung auch von ambivalenten und unangenehmen Affekten ist möglich und bereitet eventuell Entlastung oder Vergnügen.
Mäßig integriert	
Heftige und speziell negative Affekte können schlecht ertragen werden; sie werden bevorzugt übersteuert reguliert.	Negative Affekte werden als musikalisches Spiel abgelehnt und innerhalb der Gruppe bei anderen wenig toleriert. Es wird versucht, über Regeln und rigiden Rhythmus „Ordnung" zu stiften.
Gering integriert	
Negative Affekte können überfluten und unerträglich werden, so dass sie impulsives Verhalten auslösen.	Laute Trommeln, Gongs oder ähnliches werden als überflutend erlebt und sind schwer tolerierbar bzw. werden bekämpft (Patient verlässt z. B. den Raum).
Desintegriert	
Intensive und speziell negative Affekte können nicht ertragen werden und hochgradige Erregung auslösen, so dass sie reflektorisch durch Gegenhandlungen beantwortet werden.	Lautes oder „hässliches" Spiel der Mitpatienten kann nicht ausgehalten werden. Sie werden massiv abgelehnt oder lösen impulsives Verhalten aus. Es droht Selbstverletzung oder Therapieabbruch.

Tab. 9: Musiktherapeutische Erweiterung der Strukturcheckliste für das Item 2.2. „Affekttoleranz"

4.2.3.4. Vergleich zwischen OPD-2 Strukturachse und dem EBQ-Konzept

An dieser Stelle soll zum Abschluss noch ein Vergleich zwischen OPD-2 Strukturachse und dem EBQ-Konzept von Karin Schumacher versucht werden. Diese unterscheidet für die Qualität von Beziehungen in Anlehnung an das Entwicklungskonzept von Stern sieben Modi. Diese sieben Modi werden in Tabelle 10 mit den 4 Strukturniveaus des OPD-Strukturitems „3.4. Kontaktaufnahme" verglichen:

OPD-2 Struktur-Item 3.4 Kontaktaufnahme	**EBQ-Modi zur Einschätzung der Beziehungsqualität**
Gut integriert	**Kontaktmodus 7:** Verbalisieren/Reflektieren **Kontaktmodus 6:** Begegnung/Interaffektivität **Kontaktmodus 5:** Beziehung zum Anderen – Interaktivität
Ein Interesse an Kontakt und Beziehungsaufnahme ist lebendig. Die Fähigkeit zur Kommunikation und Verständigung ist gegeben, Patient kann mit dem Untersucher offen über vieles sprechen.	„Ich höre Dich und mich". „Ich höre uns und freue mich über das gemeinsame Spiel". „Ich kann meine Gefühle benennen und mich über mein Spiel mit meinem Gegenüber reflektierend auseinandersetzen".
Mäßig integriert	**Kontaktmodus 4:** Kontakt zum Anderen – Intersubjektivität **Kontaktmodus 3:** Kontakt zu sich/Selbsterleben – Selbstempfinden
Das Interesse an Kontakt und Beziehungsaufnahme erscheint eingeschränkt, wenig persönlich. Patient macht Mitteilungen zwischen den Zeilen oder antwortet in sozial erwünschten Formeln.	„Ich höre mich und will wissen, ob der Andere das Spiel auch wahrnimmt." „Ich höre mich und bemerke, dass ich Urheber des Spiels bin"
Gering integriert	**Kontaktmodus 2:** Funktional-sensorischer Kontakt **Kontaktmodus 1:** Kontakt – Reaktion
Vermeidung von emotionaler Kontaktaufnahme oder drängendes, übergriffig-distanzloses Kontaktverhalten. In der Kommunikation deutliche Missverständnisse, Vorbeireden oder Kommunikationsabrisse.	„Ich bemerke etwas". „Ich verwende Personen, Instrumente für meine Bedürfnisse"

Desintegriert	Kontaktmodus 0: Kontaktlosigkeit/Abwehr
Kontaktaufnahme unmöglich oder formell-rollenhaft bei entleerter oder angespannter emotionaler Situation. Alles, was zwischen Patient und seinem Gegenüber geschieht, kann kommunikative Bedeutung bekommen.	„Ich ohne mich – ich nehme Dich nicht wahr“.

Tab. 10: Vergleich zwischen OPD-2 Strukturachse und EBQ

Bei direktem Vergleich der beiden Konzepte fällt einerseits auf den ersten Blick doch eine deutliche Ähnlichkeit auf. Diese verringert sich jedoch umso mehr, je größer die zu diagnostizierenden Defizite sind. Dies liegt einmal daran, dass EBQ wesentlich differenzierter abstuft, so dass die Zuordnung der Modi zu einem Integrationsniveau eine gewisse Willkürlichkeit hat. Es wird aber auch deutlich, dass OPD und EBQ jeweils unterschiedliche Theorien zugrunde liegen. So ist Karin Schuhmachers EBQ von Sterns entwicklungspsychologischem Modell geprägt, während OPD mehr auf die analytischen und klinisch psychopathologisch orientierten Denktraditionen baut. Daher wirken die Beschreibungen der Beziehungsdefizite bei den Modi 0, 1, 2 und 3 von EBQ auch eher als nicht stattgefundene Entwicklungen auf Grunde von Behinderungen, während der OPD die Defizitorientierung und die Konzepte von Neurosen, Persönlichkeitsstörungen und Psychosen in der Unterscheidung der Integrationsniveaus anzumerken sind.

5. Zusammenfassung und Ausblick

Zusammenfassend ist es das Anliegen dieses Artikels, einen ersten Einblick in die OPD-Systematik zu geben und dabei spürbar werden zu lassen, inwieweit es diesem Diagnosesystem gelingt, psychodynamische Prozesse zu operationalisieren und dadurch Relevanz auch für musiktherapeutische Fragestellungen zu besitzen. Für die Musiktherapie bietet OPD dabei die folgenden Möglichkeiten:

1. OPD erleichtert die Standortbestimmung für die Musiktherapie im Rahmen der anderen psychotherapeutischen Methoden.
2. OPD schafft die Möglichkeit, musiktherapeutische Diagnosen und Interventionen in einer etablierten psychotherapeutischen Sprache zu kommunizieren.
3. OPD ist Anregung, Konzepte, die innerhalb der Musiktherapie entstanden sind (z. B. die Komponentenlehre von Hegi und EBQ-Konzeption von Schumacher) in einen metapsychologischen Kontext zu stellen und so leichter Anschluss an die gesamte psychotherapeutische Forschung zu bekommen.

Ich würde mich jedoch besonders darüber freuen, wenn es mir gelungen wäre, mit diesem Artikel nicht nur einen ersten Eindruck über die Möglichkeiten von OPD gegeben zu haben, sondern dass dadurch auch Neugierde und Lust innerhalb der musiktherapeutischen Landschaft auf Diskussionen und Nachfolgearbeiten entstehen, die sich mit den aufgezeigten Fragestellungen vertieft auseinandersetzen.

Literatur

Arbeitskreis OPD (Hrsg.) (1996): Operationale psychodynamische Diagnostik. Grundlagen und Manual, Bern. 3. aktualisierte Auflage 2001

Arbeitskreis OPD (Hrsg.) (2006): Operationale psychodynamische Diagnostik OPD-2. Das Manual für Diagnostik und Therapieplanung, Bern

Arbeitsgruppe OPD-KJ (Hrsg.) (2003): Operationalisierte Psychodynamische Diagnostik im Kindes- und Jugendalter – OPD-KJ. Grundlagen und Manual. Bern, 2. aktualisierte Auflage 2007

Benjamin, L. S. (1974): Structural Analysis of Social Behavior. Psychological Review, 81, 392 – 425

Dilling, H., Mombuur, W., Schmidt, M. H. (Hrsg.) (1991): Internationale Klassifikation psychischer Störungen ICD 10. Bern

Grande, T., Bruckmeier-Lohse, M., Cierpka, M., Dahlbender, R.W., Davies-Osterkamp, S., Frewert, G., Joraschky, P., Oberbracht, C., Schauenburg, H., Strack, M., Strauss, B. (1997): Die Beziehungsachse der Operationalisierten Psychodynamischen Diagnostik (OPD) – Konzepte und klinische Anwendung. Zschr Psychosom Med 43, 280-296

Hegi, F. (1986): Improvisation und Musiktherapie: Möglichkeiten und Wirkungen von freier Musik. Paderborn, 5. Auflage 1997

Heuft, G., Hoffmann, S. O., Schüssler, G. (2000): Konfliktachse in der OPD: Erfahrungen und weitere Entwicklungen. In: Schneyder, W., Freyberger, H. (Hrsg.): Was leistet die OPD? Bern

Kanfer, F. H., Philips, J. S. (1970): Learning foundations of behavior therapy, NewYork

Krampen, G. (2004): Skript zur Vorlesung: Klassifikationssysteme und klinisch psychologische Diagnostik. In: Internet: http://www.uni-trier.de/fileadmin/fb1/prof/PSY/KPW/ Klinische_Psychologie_A/3klassifikation.pdf

Leary, T. H. (1957): Interpersonal diagnosis of personality, New York

Rudolf, G. (1996): Operationalisierte Psychodynamische Diagnostik (OPD): Die Einschätzung des Strukturniveaus. In: Buchheim, P., Cierpka, M., Seifert, Th. (Hrsg.): Lindauer Texte. Heidelberg

Rudolf, G., Oberbracht, C., Grande, T. (1998): Die Struktur-Checkliste. Ein anwenderfreundliches Hilfsmittel für die Strukturdiagnostik nach OPD. In: Schauenburg, H.,

Buchheim, P., Cierpka, M., Freyberger, H.J. (Hrsg.): OPD in der Praxis. Konzepte, Anwendungen, Ergebnisse der Operationalisierten Psychodynamischen Diagnostik. Bern, 167-181

Rudolf, G. (2002): Vorteile und Risiken der Klassifikation. Vortrag bei den 52. Lindauer Psychotherapiewochen. In: Internet: http://www.lptw.de/archiv/vortrag/2002/rudolf.pdf

Rudolf, G. (2004): Strukturbezogene Psychotherapie. Leitfaden zur psychodynamischen Therapie struktureller Störungen, Stuttgart

Sullivan, H. S. (1953). The Interpersonal Theory of Psychiatry. New York (Dtsch. Übersetzung: 1980. Die Interpersonale Theorie der Psychiatrie. Frankfurt)

Schumacher, K. (1999): Musiktherapie und Säuglingsforschung. Zusammenspiel. Einschätzung der Beziehungsqualität am Beispiel des instrumentalen Ausdrucks eines autistischen Kindes, Frankfurt am Main

Tress, W. (Hrsg.) (1993): Die Strukturale Analyse Sozialen Verhaltens (SASB), Heidelberg

Aspekte der Scham in musikgestalttherapeutischer Gruppentherapie mit psychosomatischen Patientinnen

Kristina Meyer

Überblick

Zunächst werde ich über eine allgemeine Phänomenologie der Scham sprechen, um dann ein gestalttherapeutisches Modell der Funktion von Scham vorzustellen.

Einen spezifisch gesellschaftlichen Aspekt von Kollektivscham setze ich in Beziehung zur Entstehung von individueller, pathologisch wirksamer Scham, wie wir sie bei Menschen mit strukturellen Einschränkungen in unterschiedlicher Form erleben können. Dies versuche ich anhand einer Falldarstellung zu verdeutlichen. Im letzten Teil werde ich dann die musikgestalttherapeutische Arbeitsweise in einer Gruppensituation erläutern und an einem Beispiel beschreiben, wie der Umgang mit einer Schamsituation aussehen könnte.

Vorweg möchte ich schicken, dass ich einheitlich die weibliche Form gewählt habe. Die männliche Form soll darin impliziert sein.

I.

„Nun, mein Sohn, lass hören“, sagte der Senator kurz.... Er lächelte durchaus nicht, heute so wenig wie sonst bei ähnlichen Gelegenheiten. Ernst, die eine Braue emporgezogen, maß er die Gestalt des kleinen Johann mit prüfendem, ja sogar mit kaltem Blick.

Hanno richtete sich auf. Er...ließ einen scheuen Rundblick über die Anwesenden hingleiten, ein wenig ermutigt durch die Milde, die ihm aus den Augen Großmamas und Tante Tony‘s entgegenleuchtete, sagte er mit leiser, ein wenig harter Stimme: „Schäfer‘s Sonntagslied...von Uhland.“

„Oh, mein Lieber, das ist nichts!“ rief der Senator. „Man hängt dort nicht an dem Klavier und faltet die Hände auf dem Bauche...Frei stehen! Frei sprechen! Das ist das erste.... Und nun den Kopf hoch... und die Arme ruhig hängen lassen.“

Hanno...hob gehorsam den Kopf, aber die Wimpern hielt er so tief gesenkt, dass nichts von seinen Augen zu sehen war.

... Ich bin allein auf weiter Flur.“ sagte er noch.

(Mann, Th. 1995, 485)

Hier wird ein zentrales Moment des Schamerlebnisses beschrieben: Das Angeschaut werden, Beobachten, Blicken. Das Auge ist das Organ, das im Schamerleben eine wesentliche Rolle spielt. Man möchte „in den Boden versinken vor Scham", also nicht mehr gesehen werden, man senkt den Blick, wenn man sich schämt, um den Blick des Gegenübers nicht zu sehen. Das Erröten als Teil des Gesichtssinnes ist Zeichen der Scham.

Auch Gefühle der Verlegenheit, Schüchternheit, Befangenheit, Betretenheit, des Verletztseins, der Kränkung, der Erniedrigung, der Angst vor Entlarvung oder Entblößung und davor, im Verletzlichsten und Innigsten aufgewiesen und abgewiesen zu werden, oder eine Haltung des Sich-Selbst-Verbergens, des Verschweigens, der Maskierung um Verletzungen und Aufdeckungen vorzubeugen, gehören zum Feld der Scham.

Leon Wurmser (2008) schreibt, dass Scham sich in drei Formen zeigen kann:

1. Als Angst über etwas, was noch bevorsteht. Er nennt das die Schamangst: Es ist die Angst davor, durch Verachtung bestraft zu werden und das bedeute letztlich, verlassen zu werden. Der letzte Satz von dem kleinen Hanno in den Buddenbrooks „Ich bin allein auf weiter Flur" gibt das tiefe Verlassenheitserlebnis in der Scham wieder.
2. Als Gefühl, das sich auf etwas schon Eingetretenes bezieht. Dies nennt er den Schamaffekt: Jemand errötet, wünscht sich, in den Boden versinken zu können, weil etwas Verborgenes zu Tage getreten ist, z. B. eine Liebe gestanden wird und die Reaktion kühl bleibt. Brennen vor Scham oder erstarren und eisig werden, sind die physiologischen Begleiter.
3. Als vorbeugende Einstellung in Form einer Reaktionsbildung, um die beiden anderen Formen zu verhüten, dies nennt er die Schamhaftigkeit, eine allgemein zurückgezogene Haltung dem Leben gegenüber, eine Scheu oder Schüchternheit.

Diese drei, Schamangst, Schamaffekt und Schamhaftigkeit beziehen sich alle auf *eine Grundgefahr, nämlich als schwach angesehen und mit Verachtung abgewiesen zu werden.* Das, wofür man sich schämt, wird von dem, der mit Verachtung blickt, als minderwertig angesehen. Es gibt einen Werteunterschied.

Von Seiten des Verächters wird der Verachtete als Ganzes bemessen, an einem globalen Idealbild. Scham wirkt, weil sie sich auf die ganze Person bezieht, auch viel durchdringender als z. B. Schuld.

In den Erzählungen unserer Patientinnen können wir immer an das Thema Scham denken, wenn jemand von „Ich bin zu ...", z. B. „Ich bin zu langsam" spricht. Also sich als nicht richtig empfindet. Auch selbstentwertende Einschübe wie „Das ist natürlich blöd." oder „Da habe ich natürlich wieder..." oder Distanzierungen wie „Ich habe mir gedacht, da hast Du etwas gemacht..." sollte man ansprechen, weil sie Scham ausdrücken.

Scham kann man also auch als eine Form der Selbstverachtung betrachten. Eine verächtliche Haltung anderen gegenüber ist eine häufige Form der Umkehrung der Scham. Also eine Form des Widerstandes, wie es in der Gestalttherapie heißt.

Dieser Widerstand oder im Analytischen die Abwehr ist nur eine von vielen Abwehrformen. Victor Chu und Brigitta de las Heras (1994), zwei Gestalttherapeuten, beschreiben Macht, Gewalt, Helfertum, Perfektionismus, Narzissmus, Zynismus, Sucht, Missbrauch anderer Menschen sowie Rückzug und Depression als weitere Masken der Scham.

Vermieden wird mit diesen Abwehrformen, erneut beschämt werden zu können. Denn in der Beschämung wird der Wesenskern verletzt. Scham wirkt immer auf den ganzen Menschen. Das ganze Selbst wird durch Scham eingenommen.
„It is much more than the notion that I *have* done something unacceptable, it is that I *am* unacceptable.“, zitiert Marion Gillie, eine britische Gestalttherapeutin, eine Bulimikerin. (Gillie, 2001, 49).

Victor Chu und Brigitta de las Heras haben ein gestalttherapeutisches Modell der Funktion von Scham entwickelt:[1]

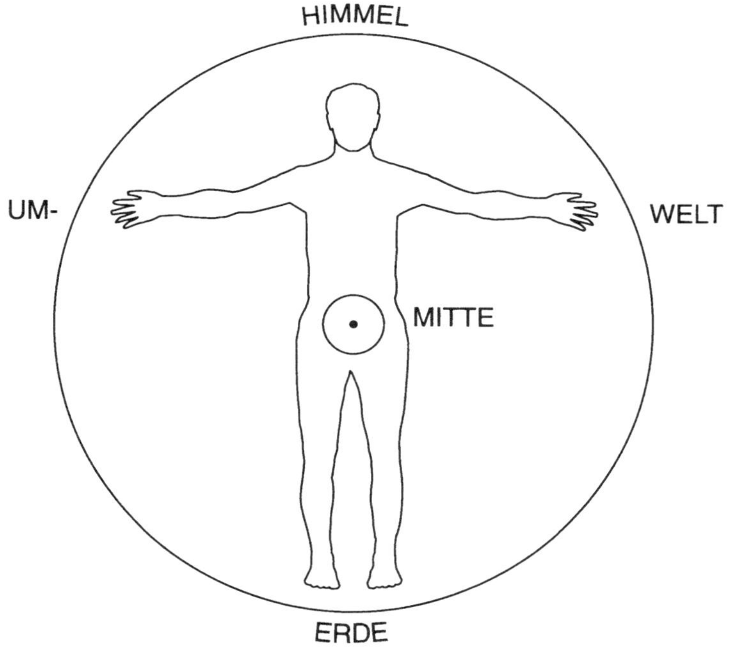

Abb. 1: Die Mitte: Quelle unseres Wesens. Nach fernöstlicher Vorstellung befindet sich die Mitte des Menschen im Zentrum seines Beckenraums.

1 Bildnachweis: Abb. 1–5 aus: Chu, V., De las Heras, B. (1994): Scham und Leidenschaft. Zürich

Der Mensch steht zwischen Himmel und Erde, mit dem Materiellen sowie mit der geistigen Welt verbunden. In der Mitte des Menschen, die im Beckenraum liegt, etwa drei Finger breit unterhalb des Nabels, verorten sie die Mitte des Menschen, mit Bezug auf japanische Vorstellungen nennen sie diesen Punkt auch Hara. Auch Karlfried Graf Dürckheim, der Begründer der initiatischen Therapie, beruft sich hierauf. Im Qi-Gong holt man sich von dort das Qi, die Lebensernergie. In dieser Mitte befindet sich nach Chu und De las Heras unser Wesenskern.

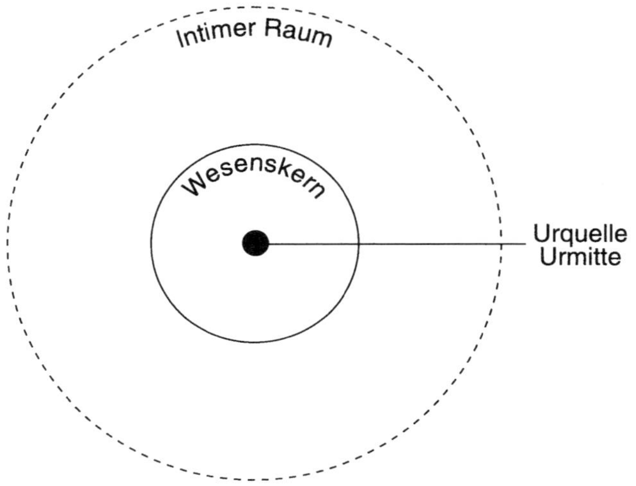

Abb. 2: Der Wesenskern ist von der Aura, dem intimen Raum, umgeben.

Mit dem intimen Raum ist das uns umgebende Energiefeld gemeint, auch Aura genannt. Dieser intime Raum ist durch eine unsichtbare Grenze nach außen abgegrenzt.

Im Inneren des intimen Raumes befindet sich der Wesenskern. Nach Victor Chu und Brigitta de las Heras ist der Wesenskern mit einer Quelle verbunden, die uns mit einer göttlichen Kraft verbindet. Der Wesenskern stellt also die Quelle unserer Lebensenergie dar. Er strebt einerseits in diese Verbindung mit dem Höheren, andererseits nach außen in den Kontakt zu einem anderen Menschen, sucht die Begegnung mit einem Du, die Verbindung zu einem anderen Wesenskern, so dass ein gemeinsamer intimer Raum entsteht.

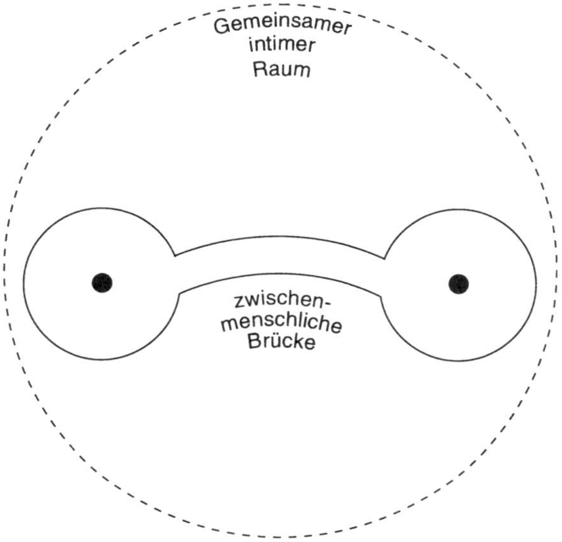

Abb. 3: Zwei Wesenskerne, die miteinander über eine Brücke verbunden sind. Um sie herum ein Kreis: der gemeinsame intime Raum.

Im Schamerleben wird die intime Grenze um den Wesenskern herum zur Schamgrenze. Scham ist die Funktion des Schutzes, des Wächters, des Zusammenziehens der intimen Grenze, und zwar vor einer Bedrohung des Wesenskerns.

Abb. 4: Scham als zweischichtiger „Stacheldrahtzaun“: (a) um unsere Erinnerung an alte Verletzungen herum, (b) um unseren innersten Wesenskern, in dem die leidenschaftliche Lebenskraft beheimatet ist.

In dieser Zeichnung sind zwei „Zäune" zu sehen. Es haben Verletzungen stattgefunden, so dass es massiven Schutz geben muss. Einmal im äußeren Ring die Scham über die Verletzungen und dann im inneren Ring die Scham über den Wesenskern, der verletzt worden ist.

Scham stellt das Gegenstück zur Leidenschaft dar. Massive Mauern der Scham lassen also keine Leidenschaft zu. Doch da die Leidenschaft aus dem Wesenskern, d. h. unserer Lebenskraft kommt, versucht sie sich hin und wieder einen Weg zu bahnen. Da hierbei die eigenen Selbstgrenzen gesprengt werden, stellt dies meist einen zerstörerischen Ausbruch für den Menschen selbst und für die Umgebung dar.

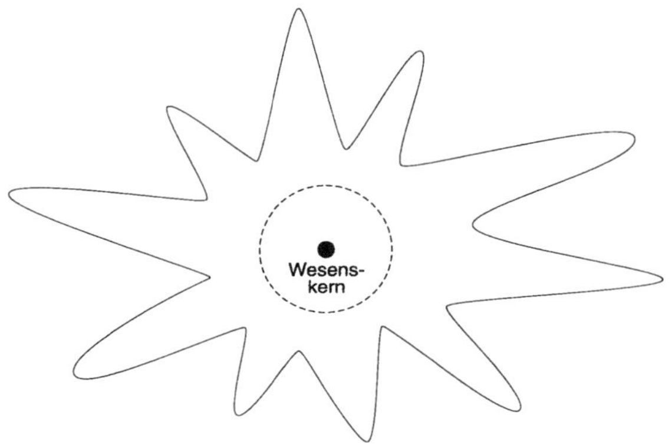

Abb. 5: Unterdrückte Leidenschaft und Lebenskraft wird destruktiv und explosiv. Sie zerstört dabei sich selbst, die Grenzen des Selbst, sowie dessen nahe Beziehungen.

Wir können hier an verbale oder körperliche Gewalt denken, oder an alle süchtigen Exzesse, an Abwertungen oder Missbrauch, sei es narzisstischer oder körperlicher Art.

Hier ist eine Explosion gezeigt, es kann aber auch eine Implosion geben, die sich in autoaggressiven Handlungen entlädt oder in Depression.

Leidenschaft stellt die Funktion der Erweiterung und Expansion der intimen Grenze dar, und zwar in Richtung auf den intimen Austausch mit einem anderen Menschen. Heftige aggressive Ausbrüche kann man also auch als Versuch verstehen, Kontakt zu einem anderen Menschen zu finden, der ohne den leidenschaftlichen Ausbruch durch die hemmende Scham nicht möglich gewesen wäre.

II.

Diese Ausdrucksformen der Scham existieren nicht nur auf individueller Ebene, sondern auch auf Gruppen- oder Gesellschaftsebene. Denken wir daran, wie viele Deutsche, jedenfalls in meiner Generation, keinen nationalen Stolz entwickelt haben, sondern eben Scham, das Gegenteil von Stolz. Hier sprechen wir von Kollektivscham. Diese speziell deutsche Kollektivscham, die neben der Kollektivschuld ein bisschen untergegangen ist, ist meiner Meinung nach bis heute wirksam.

Die historische Kollektivscham der Deutschen bezüglich des zweiten Weltkrieges hat sich aus meiner Sicht in eine individualisierte Scham verwandelt. Ich meine, dies als bedeutsames Phänomen bei mehreren meiner Patientinnen auszumachen, die auch in ihren strukturellen Möglichkeiten eingeschränkt sind.

Chu und De las Heras beschreiben, wie nicht verarbeitete kollektive Traumata zur Quelle kollektiver Scham werden, die durch das gemeinsame Stillschweigen, die Tabuisierung, aus dem gemeinsamen Bewusstsein verschwindet. Jede hat dann das Gefühl, sie sei die einzige, die sich so schäme. Dies führt wiederum in eine Isolation der einzelnen Menschen innerhalb der Gemeinschaft.

Dies ist über zwei bzw. drei Generationen hinweg mit der Scham der Deutschen geschehen. Ich möchte das etwas weiter ausführen, da ich glaube, dass dieses Phänomen auch für das Verständnis der heutigen Patientinnen in der Psychosomatik bedeutsam ist.

Auffällig häufig tauchen in der biographischen Arbeit mit meinen Patientinnen Erzählungen von ihren Eltern und deren Fluchterfahrungen nach oder während des 2. Weltkrieges auf. Die von mir behandelten Patientinnen sind die Kinder von denen, die während des 2. Weltkrieges Kinder oder Jugendliche waren oder als Säuglinge den Krieg oder die Flucht erlebt haben. Dies sind mehrere Generationen. Sabine Bode (2008) hat in ihrem Buch „Die vergessene Generation" für ihre Interviews mit Kriegskindern die Jahrgänge 1930 bis 1945 ausgewählt, die als Kinder und Jugendliche zwischen dem 1. und 15. Lebensjahr dem 2. Weltkrieg ausgesetzt waren.

Diese Jahrgänge sind heute zwischen 63 und 78 Jahre alt. Aus deren Altersstufen tauchen nicht mehr so viele Patientinnen in der Psychosomatik auf. Wir finden sie eher in der somatischen Medizin, also nicht mit seelischen Dingen beschäftigt. Aber ihre Kinder und auch schon Enkelkinder erscheinen in der Psychosomatik oder wie in meinem aktuellen Arbeitsfeld, in der ambulanten Praxis.

Diese Jahrgänge sind kollektiv als Kinder traumatisiert worden. Sie sind weder als Kinder noch als Erwachsene deshalb behandelt worden. Ihr Leid ist unter der Last der Kollektivschuld der Deutschen verschüttet geblieben und stellt bis heute weitgehend ein Tabu dar.

Das ist bedeutsam für die Kinder und Enkelkinder dieser Generation. Sie haben ihren Lebensweg als „Söhne und Töchter kriegstraumatisierter Eltern" begonnen, wie Peter Heinl (2006, 160) schreibt. Um Ihnen aufzuzeigen, wie sich die Schamproblematik in der Arbeit mit dieser mittleren Generation manifestiert, möchte ich Ihnen von einer Patientin berichten, die ich behandelt habe.

Sie wurde 1974 in der alten BRD geboren und ist heute 35 Jahre alt.

In die Psychotherapie kam sie, weil sie sich einsam und unglücklich in ihrer Partnerschaft fühlte, sich gerne trennen wollte, diesen Schritt jedoch aus Schuldgefühlen dem Partner gegenüber nicht bewältigen konnte. Sie stellte die Ähnlichkeit ihres Partners mit ihrer Mutter heraus. Die Mutter hatte, als sie Kind war, oft wütende Anfälle, in denen sie auf dramatische Weise die Türen knallte und sich im Bad einschloss. Meine Patientin wollte ihr helfen, war verzweifelt, doch die Mutter ließ keine Hilfe zu. Hart und fordernd gegen die Kinder ohne nachsichtige Fürsorge drohte sie bei Widerständen gegen sie sogar damit, ihr Leben zu beenden. Die Angst meiner Patientin war nun, dass sich ihr Partner bei Trennung von ihr das Leben nehmen könnte. Also, wenn sie sich aggressiv gegen ihn verhielt. Sie fühlte sich schuldig für das Leid der Mutter, durfte sich entsprechend nicht von ihr abgrenzen. In der Folge die Wiederholung mit dem Partner.

Nun stellte sich im Laufe der Arbeit heraus, dass die Mutter 1946 im Osten Deutschlands geboren wurde. Ihr Vater, also der Großvater meiner Patientin war Angehöriger der amerikanischen Armee, die zunächst diesen Teil Deutschlands besetzt hielt. Mehr ist über den Vater nicht bekannt. In der Familie herrscht bis heute Schweigen darüber. Die Familie ist 1947 von dort nach Westen geflohen, wahrscheinlich, als die russische Armee dort einzog.

Die Mutter meiner Patientin ist vaterlos aufgewachsen und vermutlich das Kind entweder einer Vergewaltigung oder einer kurzen Liebschaft der Großmutter mit einem amerikanischen Besatzer. Diese Frauen wurden, wenn dies bekannt wurde, als Prostituierte beschimpft. Vielleicht ist die Familie auch wegen dieser „Schmach" aus ihrer Heimat weggegangen, also auch aus Scham.

Die Mutter meiner Patientin lässt in ihrer Beschreibung an einen in ihren strukturellen Möglichkeiten eingeschränkten Menschen denken, mit aggressiven impulshaften Durchbrüchen, suizidalen Phasen, autoaggressiven Tendenzen in ihrer Strenge und fehlenden Barmherzigkeit gegen die Kinder.

Meine Patientin ist heute eng mit ihren Eltern verstrickt. Sie wohnen dicht beieinander, ohne dass sie sich gut verstehen. Sie hegt einen starken Groll gegen die Mutter, ohne sich von den Werten der Mutter distanzieren zu können.

Meine Patientin war unbarmherzig gegen sich selbst, laugte sich aus, forderte sich in ihrem Beruf alles ab, nahm nichts für sich. Hohe Ideale von Menschlichkeit leiteten sie in ihrem Beruf. Es gab auch kurze selbstverletzende Episoden. Abgrenzung allgemein, Bedingungen oder Forderungen zu stellen und vor allem Bedürfnisse zu haben und sich für ihre Befriedigung einzusetzen, war ihr kaum möglich. Sie hatte keine innere Unterstützung dafür, da vermutlich bei Auftauchen von Bedürfnissen Scham auftauchte. In ihrem Bedürfnis nach Verbindung zur Mutter ist sie zurückgewiesen und damit in ihrem Ausdruck von Mitgefühl und Liebe beschämt worden. Die Brücke, die den intimen Raum zwischen ihr und der Mutter gebildet hat, ist damit abgebrochen worden.

Besonders bedrohlich war deshalb Nähe zu anderen Menschen, so dass sie keine intime Beziehung eingehen konnte, woran auch ihre Partnerschaft zerbrach.

Meine Patientin erscheint mir, als ob sie die abgespaltene Seite der Mutter, deren Scham, lebt. Die Scham der Mutter darüber, das Kind einer verachteten Beziehung zu sein, evtl. sogar das Kind einer Vergewaltigung zu sein. Sie sagte, als wir über diese Dinge das erste Mal sprachen: „Was trage ich denn da?“

Die Tochter trug das Geheimnis oder Tabu über die Mutter mit. Ein hohes Maß an Konfluenz war in der Familie gefordert, d. h. es herrschte ein hoher Anpassungsdruck, in dem eigenes Denken und Sein nicht erwünscht war. Eigene Bedürfnisse zu äußern, hieße dann, die Konfluenz mit der Familie zu brechen und damit das Tabu zu brechen.

Diese Dynamik schildert Marion Gillie (2001) als typisch für bulimische Patientinnen. Scham tauche bei ihnen immer dann auf, wenn eigene Bedürfnisse auftauchten.

Solange nicht klar ist, dass die Mutter ein Leid erlitten hat, das nicht durch die Tochter verursacht wurde, kann sich die Tochter aus ihren Schuld- und Schamgefühlen über die unzureichende Hilfe für die Mutter und aus Scham über ihre eigene Bedürftigkeit nur schwer aus dieser destruktiven Beziehung lösen.

Ich möchte noch etwas über die Wirksamkeit von Tabus sagen, um die Schwierigkeit der Auflösung dieser Problematik zu verdeutlichen.

Das gesellschaftliche Tabu in unserem Land besteht darin, dass die „vergessene Kriegsgeneration“ (Bode, 2008) kollektiv in Kindheit und Jugend traumatisiert wurde, ohne deshalb jemals behandelt oder wenigstens in ihrem Leid gewürdigt zu werden. Die Symptome sind Ich-synton in unserer Gesellschaft assimiliert.

Über die Wirkung von Tabus schreibt Ingrid Riedel (1996, 24):

> „Es ist immer auch das Unheimliche an diesen weg gesperrten Kräften, dass sie sich in der Isolierung vom übrigen Leben negativ aufladen...Die Berührungsangst gegenüber Tabus ist nicht eine unbegründete Angst, sondern ihr entspricht eine sehr reale Gefahr. Eben durch den fehlenden Austausch mit dem sie umgebenden seelischen Kräftefeld können diese Kräfte, die abgesperrt sind, wirklich bösartig werden.“

Die Verletzung eines Tabus wird in den meisten Gesellschaften mit Ausschluss aus der Gemeinschaft bestraft. Dies drohte meiner Meinung nach auch in dem beschriebenen Fall. Durch die Koppelung von Bedürfnisäußerung mit drohendem Gemeinschaftsverweis geriet die Patientin in eine von sich selbst entfremdete Haltung und in eine soziale Isolation.

Patientinnen können sich nicht vollständig in der Sinnhaftigkeit ihrer Symptomatik begreifen, wenn die Verletzungen der Mütter von der Versprachlichung ausgeschlossen bleiben. Die Patientinnen bleiben von ihrem Hintergrund, wie in der Gestalttherapie die Biographie genannt wird, abgetrennt.

Insbesondere bei Abtrennung vom mütterlichen Grund, und das ist bei strukturell verankerten Störungen der Fall,

> „lebt der Mensch im Wechsel eines mit der Angst des Verschlungenwerdens erfüllenden Soges, der von allem ausgeht, das in ihnen oder in der Welt die „große Mutter“ verkörpert

und einer ihn hemmenden und deprimierenden, weil ins Unbewusste verdrängten Abwehr gegen die nicht zugelassenen Kräfte der Tiefe... Die verstellte Tiefe wirkt dann als ihn unheimlich anziehende oder sich dämonisch gegen ihn auswirkende Macht, vor der er Angst hat. ... So bedeutet das Abgeschnürtsein vom mütterlichen Grund immer auch ein Abgeriegeltsein gegen das zum Leben gehörende Stirb und Werde". (Graf Dürckheim, 1991, 89–90)

Die Wiederherstellung des mütterlichen Grundes ist also ein Ziel der Therapie.

III.

Da wir es mit einem gesellschaftlichen Tabu zu tun haben, dem auch Therapeutinnen unterliegen, ist das Wissen um die Existenz dieser Phänomene ja zunächst einmal wichtig. Denn in der Regel kommen nur die Themen in einen gemeinsamen Kontakt, für die die Therapeutin auch eine innere Resonanzfläche besitzt.

Die therapeutische Gruppe an sich und im Besonderen eine Gruppe, die Musik als Medium und den Körper mit einbezieht, bietet die Möglichkeit, an einer Wiederherstellung des mütterlichen Grundes zu arbeiten.

„Der geschützte und zugleich freie Raum dieser bald in jeder Hinsicht vertrauten Gruppe und ihrer Menschen, ermöglicht die Neubelebung positiver archetypischer Bilder des Mütterlichen und der verlässlichen Beziehung." (Loos, Seifert, 1989, 211).

Hier formulierten Gertrud Loos und Theodor Seifert das erstrebenswerte Optimum, das man in einer Gruppe im Rahmen einer klinischen psychosomatischen Behandlung erreichen könnte. Wenn es keine explizite Behandlung für z. B. Menschen mit einer Borderline-Diagnose oder Magersüchtige ist, die auf ca. ein halbes Jahr angelegt ist, finden wir in der Regel eine Gruppenteilnahme von durchschnittlich 6–8 Wochen, in Ausnahmefällen auch bis zu 12 Wochen. In dieser Zeit wird man nur selten zu einem so tiefgehenden Ergebnis gelangen, trotzdem kann es eine Leitlinie sein, wenn es darum geht, die von mir beschriebenen Schamfelder zu bearbeiten.

Was ist hilfreich für eine Gruppe, wenn wir Scham, Tabus und eine Abtrennung vom mütterlichen Grund vermuten?

1. Rahmenbedingungen

a) Die geschlossene Gruppe ist förderlicher als eine halboffene, da hohe Fluktuation potentiell Schamsituationen befördert. Ein Beispiel: Verlässt eine führende Person die halboffene Gruppe, könnte Abhängigkeitsscham bei den anderen Mitglieder entstehen, weil sie spüren, wie sehr sie die Verantwortung für sich an diese Person abgegeben haben (Hilgers, 2006, 212).

b) Die Gruppenkohäsion, wie Irvin D. Yalom (2007) das Maß der Attraktivität der Gruppe für die einzelnen Gruppenmitglieder bezeichnet, ist ein wichtiger Faktor für die Selbstöffnung der Mitglieder. Wenn sich alle geachtet und unterstützt fühlen, ist die Kohäsion groß. Deshalb sollte man größte Sorgfalt auf den Umgang der Mitglieder untereinander legen.
c) Klare Regeln geben Schutz vor Gefühlen von Orientierungsverlust und häufigem nachfolgendem emotionalem Agieren, wie dies Menschen mit einer Borderline-Störung z. B. häufig tun: Stopp-Regeln für die Improvisationen beispielsweise besonders bei traumatisierten Patientinnen, Schweigepflicht nach außen, Regeln zur Affektregulation, z. B. auf dem Gong keine dynamischen Steigerungen o. ä.
d) Eine aktive Haltung der Therapeutin, die die Gruppe nicht zu lange schweigen lässt. Passivität der Therapeutin befördert Regression und damit Abhängigkeitsscham.

2. Aufgaben der Therapeutin

a) Selektive Authentizität : So ehrlich und authentisch zu sein, wie es förderlich für die Patientinnen ist.
b) Präsenz: Die Bereitschaft, die Patientinnen im Seelischen zu berühren und von ihnen berührt zu werden. Das Gegenteil davon ist der Schein, d. h. dass die Therapeutin vor allem eine gute Therapeutin sein will, um ihrem Selbstbild zu entsprechen. Hier ist auch die eigene Auseinandersetzung mit Scham angesprochen, z. B. eigene Schwächen und Fehler zugeben zu können.
c) Als Hilfs-Ich tätig sein: d. h. für die Patientinnen unterstützend tätig zu werden. Scham ist das Gegenteil von innerer Selbst-Stützung.

Ein Beispiel dafür wäre, das Maß und das Timing der Selbstöffnung der Patientinnen zu regulieren. Dies dient zum Schutz der Grenzen der Patientin selbst, aber auch zum Schutz der anderen Gruppenmitglieder und der Therapeutin. Eruptive Öffnungen zur Spannungsentladung können im Anschluss viel Scham, auch Intimitätsscham, bei den anderen Gruppenmitgliedern auslösen. Ein Wegbleiben am nächsten Termin nach einer solchen Öffnung ist häufig auf Schamerleben zurückzuführen.

3. Die Grundlagen der musikgestalttherapeutischen Arbeit

Die Musik-Gestalttherapie ist eine begegnungs- und prozessorientierte Therapieform: „Wo Symptom war, ist Interaktion geworden." (Wolf, 1999, 43) Musikalische Improvisation und Gespräch wechseln sich in Abhängigkeit vom Prozess gegenseitig ab. Wir arbeiten an der Bewusstheit und dem Kontakt mit Hilfe einer experimentellen Haltung.

Mit *Bewusstheit* ist die Entwicklung einer vertieften Wahrnehmung von körperlichen Sensationen, Empfindungen, Gefühlen und Gedanken im Kontakt mit der Umwelt gemeint. In der Gruppenarbeit kann die Arbeit am Atem dazugehören. „Was spüren Sie im Moment? Was nehmen Sie im Moment wahr?" sind dazugehörige Fragen.

Das *Experiment* ist ein Handlungsangebot an die Patientin, um eventuell eine neue Erfahrung zu machen oder eine Wahrnehmung zu vertiefen oder auszudehnen. Hierzu gehören alle Improvisationsangebote, strukturierte sowie freie.

Der *Kontakt* ist das zentrale Konzept in der Musikgestalttherapie. Kontakt ist jede Art von lebendiger Wechselbeziehung im Organismus-Umweltfeld, bei der eine Kontaktgrenze entsteht, über die ein Austausch stattfindet (Gremmler-Fuhr, 1999, Handbuch der Gestalttherapie).

Wir erkunden mit den Patienten, wie sie den Kontakt zu sich, den Instrumenten und anderen Menschen gestalten. Hier versuchen wir, in der Gruppe vorzugsweise am realen Kontakt zu den anderen Gruppenmitgliedern zu arbeiten. Wie schaffen sie es, ihre Wünsche nach Kontakt oder Rückzug, das wäre nach Kontakt mit sich selbst, zu frustrieren? Damit sind die Widerstände gegen Angst auslösende Momente gemeint, die *Kontaktstörungen.*

Hierin beziehe ich mich auf Fritz Hegi (1988), der die gestalttherapeutischen Begriffe der Kontaktstörungen mit dem musiktherapeutischen Kontext verbunden hat. Dazu gehören:

1. *Introjektion*, die sich in der Improvisation in Form von Vorsicht zeigt. Die Erregung (nicht sexuell gemeint) wird zurückgehalten. Man meint, zu stark oder deplaziert zu sein. Man schluckt alle Anweisungen, Anmerkungen, Kritik, ohne sie sich jedoch zueigenzumachen, zu assimilieren.
2. *Projektion*, die sich als Manipulation zwischen Macht und Isolation zeigt. Die Absicht ist: Ich will Kontakt zu dir, aber du sollst auf mich zukommen.
3. *Retroflexion*, die sich als geheuchelte Pause, als Trotz äußert. Auch zu sehen als „Verstopfung". Ich will endlich dran sein mit Spielen, aber ihr anderen lasst mich nicht, ihr hindert mich. Tatsächlich aber beschränkt man sich selbst.
4. *Konfluenz*, die sich als Anpassung an das Spiel der anderen zeigt. Ich möchte es allen recht machen, dadurch werde ich als Unterstützung von den anderen gebraucht, aber das Eigene geht verloren. Verwirrung kann aufkommen. Auch kann sich im Zuhören Langweile einstellen.
5. *Deflektion*, die sich als musikalische Verschwendung zeigt. Ich starte überall Kontaktversuche, aber ich treffe niemanden. Auch zu vergleichen mit Durchfall.

An diesen Kontaktstörungen arbeitet die Musikgestalttherapie im Kontakt mit neurotischen Patientinnen. Die klassische Gestalttherapie arbeitet normalerweise an der Vertiefung des Erlebens und kann schnell eine hohe Intensität im Kontakt erreichen. Mit strukturell gestörten Menschen ist diese Arbeitsweise abzuwandeln, weil die schnelle Nähe zu viel Angst auslösen würde und sich damit der Widerstand verstärken würde. Schon früh im Kontaktprozess taucht die Kontaktstörung bei strukturell verankerten Störungen auf.

In der Musiktherapie geschieht dies z. B. auch in Bezug auf die Instrumente und das Spiel. Die Angst, manipuliert zu werden, wenn sie zu einem Spiel aufgefordert werden, Angst vor Kontrollverlust, Schamangst, überhaupt etwas Fremdes zu tun, in dem man keine Orientierung besitzt, wie zu improvisieren, führt oft zu großen Widerständen. Wenn jemand dann sagen kann, dass sie nicht spielen möchte, ist das häufig schon ein großer Schritt und Zeichen einer gewissen Ich-Stärke und ist zu würdigen.

Grundsätzlich eignen sich Spielangebote, die die Möglichkeit eines haltenden Rahmens, eines Containment bieten. Hierfür ist alles Rhythmische geeignet, das klar strukturierte Vorgaben enthält über dessen Art, von Anfang und Ende und eventuell auch eine Zeitbegrenzung. Mit dem Rhythmischen ist auch der mütterliche Grund angesprochen. Gemeinsames Trommeln z. B. kann dann nicht nur als sicherer Rahmen empfunden werden, sondern auch als bedrohlich: Verschlingend, das Individuelle scheint darin zu verschwinden.

Die Arbeit an Atem und Puls als Rhythmisches sowie die Arbeit an der Stimme ist körperlich und elementare Arbeit am Grund. Insbesondere Atemarbeit ist, wenn Sie an die erste Abbildung mit dem Hara im Beckenraum denken, eine Arbeit an der Verankerung auf der Erde und der Anbindung an das Transzendente.

Gemeinsames Singen kann Gemeinschaftserleben fördern, das den Isolationserfahrungen vieler Menschen, die mit der Scham zusammenhängen, eine erste neue Erfahrung entgegensetzen kann. Aber gerade bezüglich des Singens ist häufig ausgeprägtes Schamerleben vorhanden, das nicht übergangen werden sollte, bevor man beginnt.

Der Fokus der Interventionen bezieht sich möglichst auf Gegenwärtiges, d. h. die Frage nach einer Improvisation lautet:

1. Was nehmen Sie jetzt wahr? Wie erleben Sie sich jetzt?
2. Wie erleben Sie sich im Kontakt zu den anderen?
3. Entsprach die Spielregel Ihren Bedürfnissen?

Wenn es zu schamvollen Erfahrungen kommt, die sich z. B. in Äußerungen zeigen könnten wie „Ich möchte am liebsten weg von hier, raus aus dem Raum, in mein Zimmer gehen.“ „Mir ist das hier alles zuviel.“ oder die nur durch den gesenkten Blick zu beobachten sind, wäre ein möglicher Umgang damit, zu sagen: „Vielleicht machen Sie in anderen Situationen auch die Erfahrung, dass sie es nicht möchten, wenn Ihre Umgebung etwas von ihrer inneren Bewegung mitbekommt und Sie möchten sich dann verbergen. Sie könnten hier ausprobieren, sich zu verbergen, sich zu schützen vor den Blicken der anderen, und gleichzeitig in der Gruppe bleiben, indem Sie sich eine Schutzmauer aus Instrumenten bauen.“

Folgt diejenige diesem Vorschlag, ist weiter zu erkunden, wie sie sich jetzt dort fühlt. Hat sich etwas im Erleben verändert?

Je nach Strukturniveau könnte man dann mit der Gruppe weiterspielen. Die Patientin nimmt hinter der Mauer teil oder es gibt die Möglichkeit, dass die anderen musikalisch Kontakt zu der Person aufnehmen und die Schutzmauer aus Instrumenten dann benutzt wird, um zu antworten. Wichtig ist die verbale Aufarbeitung hinterher in einer Feedback-Runde, so dass die Patientin erfahren kann, wie es den anderen mit ihrem Rückzug ergangen ist und sie sich auch selbst dazu äußern kann, um das Erlebte integrieren zu können. Dieser „Verdauungsprozess" ist sehr entscheidend, weil insbesondere Menschen mit strukturellen Störungen genau an diesem Punkt große Schwierigkeiten haben.

Der Schwerpunkt in dieser Arbeit liegt darauf, die Patientinnen anzuleiten, ihre eigenen Bedürfnisse und Impulse wahrnehmen zu können und sich dabei immer im Kontakt zu den anderen Gruppenmitgliedern zu erleben.

Die Musikgestalttherapie versucht, den Widerstand als sinnvolle Maßnahme des Schutzes in einen Kontakt und in eine Bewusstheit zu heben, damit die Patientinnen zu einer autonomen Entscheidungsfreiheit kommen, ob sie den alten Weg, diesmal jedoch bewusst, weitergehen oder mit neuen Verhaltensweisen Erfahrungen sammeln möchten.

Das, was ist, darf sein.

Seindürfen führt über viele Schichtabtragungen hin zum Wesenskern, wie ihn Victor Chu und Brigitta de las Heras beschrieben haben, zu der Möglichkeit eines intimen Kontaktes zwischen Ich und Du und zum Kontakt mit dem Transzendenten. Und im Fall der Kollektivscham zu einem vielleicht schmerzlichen Bewusstsein über das Eingebettet-Sein in eine Generationenreihe in einem schwierigen historisch-gesellschaftlichen Kontext jenseits von sozialer Isolation.

Literatur

Bode, S. (2008): Die vergessene Generation, Stuttgart

Chu, V., De las Heras, B. (1994): Scham und Leidenschaft, Zürich

Gillie, M. (2001): Shame and Bulimia. In: Gestalttherapie 1, 48-58

Graf Dürckheim, K. (1991): Der Alltag als Übung, Bern

Gremmler-Fuhr, M. (1999): Dialogische Beziehung in der Gestalttherapie. In: Fuhr, R.; Gremmler-Fuhr, M.; Sreckovic, M. (Hrsg.) (1999): Handbuch der Gestalttherapie, Göttingen

Hegi, F. (1988): Improvisation und Musiktherapie, Paderborn

Heinl, P. (2006): Trümmer, Trauma und Transmission im Spiegel der intuitiven Diagnostik: Die unbewusste Übertragung von Kriegstraumata auf nachfolgende Generationen. In: Gestalttherapie 1, 151–162

Hilgers, M. (2006): Scham. Gesichter eines Affektes, Göttingen

Loos, G.; Seifert, Th. (1989): Möglichkeiten stationärer Therapie der Anorexie und Bulimie. In: Musiktherapeutische Umschau 10, 209-218

Mann, Th. (1995): Die Buddenbrooks, Frankfurt a. M.

Riedel, I. (1996): Tabu im Märchen, München

Wolf, H. U. (1999): Gestalt in der Klinik. In: Gestalttherapie 2, 34-47

Wurmser, L. (2008): Die Masken der Scham, Frankfurt a. M.

Yalom, I. D. (2007): Theorie und Praxis der Gruppenpsychotherapie, Stuttgart

Autoren

Elisabeth Bock

Sie ist seit 1980 Musiktherapeutin (Hochschule für Musik und darstellende Kunst in Wien), seit 1989 Seminarleiterin und seit 1993 eingetragene Psychotherapeutin. Berufserfahrung sammelte sie in den Bereichen Psychiatrie, Geriatrie, Behindertenwerkstätte, Sonderschule, Suchtberatung, sexuelle Störungen, Haftanstalt, Psychosomatik, Kinderarbeit, Rehabilitation und in freier Praxis. Seminarangebote gibt sie zur Weiterbildung z. B. für Schauspielgruppen, medizinische Pflege- und Lehrberufe sowie zur Entfaltung individueller und gemeinsamer Ressourcen: „Musik erleben und gestalten", „Schenk' Dir Gehör", „Abenteuer Stimme", „Musik und Stille", „Naturmusik" u. a.

Hauptstrasse 15a/5, A-3754 Irnfritz
elisabeth.m.bock@gmx.at

Dr. Peter Heinz

Leitender Oberarzt der Psychosomatischen Abteilung der Klinik St. Irmingard in Prien am Chiemsee. Facharzt für Psychiatrie und Psychotherapeutische Medizin. Tätigkeiten als Supervisor und Dozent. Schwerpunkte: Traumatherapie und strukturbezogene Psychotherapie.

Osternacher Str. 103, 83209 Prien
p.heinz@st-irmingard.de

Stephanie Lahusen

Dipl.-Musiktherapeutin (FH), Psychotherapie (HPG), langjährige Tätigkeit als Musiktherapeutin in einer Fachklinik für Psychiatrie, Neurologie, Psychosomatik und Suchtkrankheiten, seit 2000 tätig in eigener Praxis. Schwerpunkte: musiktherapeutische Arbeit mit essgestörten Mädchen und Frauen sowie Projekte und Workshops zur Prävention von Ess-Störungen bei Kindern, Jugendlichen und Frauen.

Schmitzberg 49, 40667 Meerbusch
info@klang-meines-koerpers.de
Projekthomepage: www.klang-meines-koerpers.de
Praxishomepage: www.musik-und-therapie.de

Kristina Meyer

Dipl.-Psychologin, Psychologische Psychotherapeutin, Musik-Gestalttherapeutin, mehrjährige Tätigkeit als Dipl.-Psychologin und Musiktherapeutin in einer psychosomatischen Klinik in Schleswig-Holstein; aktuell niedergelassen in eigener Praxis in Lübeck als Psychologische Psychotherapeutin für tiefenpsychologisch fundierte Psychotherapie mit dem Schwerpunkt Abhängigkeiten.

Praxis für Psychotherapie
An der Mauer 23a, 23552 Lübeck
meyer.kristina@web de

Christian Münzberg

Dipl.-Musiktherapeut (Lehrmusiktherapeut BVM, zert. DMtG, ÖBM, eigenverantwortlich nach österr. MuthG), Dipl.-Sozialpädagoge (FH), Psychotherapie (HPG), Weiterbildung psychoanalytische Beratung, Gruppenanalytiker (GPP, DAGG-KuP), Musiker und freier Rhythmuspädagoge. Von 1991–2008 klinische Tätigkeit im Raum München in den Bereichen Neurologische Frührehabilitation, Psychiatrie mit Erwachsenen, Psychosomatik und psychotherapeutische Medizin. Seit 2009 musik- und psychotherapeutische Tätigkeit an der Univ.-Klinik für Medizinische Psychologie und Psychotherapie am LKH Graz. Langjährige Lehr- und Unterrichtstätigkeit an verschiedenen Fachhochschulen, Universitäten und Ausbildungsinstituten in München und Graz, Supervision, freie Praxis in Graz.

Sandgasse 45a / 2 / 7, A–8010 Graz
muenzber@hm.edu
christian.muenzberg@kug.ac.at
www.musiktherapie-graz.com

Dorothea Müller

Dipl.-Musiktherapeutin (FH), Systemisch-familientherapeutische Beraterin, Heilpraktikerin für Psychotherapie.

„Ananke“ - Abteilung für Essstörungen und Psychosomatik
Kliniken des Landkreises Freyung-Grafenau gGmbH
Krankenhausstr. 6, 94078 Freyung
dorothea.mueller@musiktherapie.de

Cornelia Tonn
Dipl.-Sozialpädagogin, Musiktherapeutin (DMTG), Lehrmusiktherapeutin, Psychotherapie (HPG), seit 20 Jahren in verschiedenen Kliniken tätig, davon seit 15 Jahren in psychosomatischen Kliniken, derzeit in der Sonnenberg Klinik Stuttgart

Sonnenberg Klinik gGmbH
Fachklinik für analytische Psychotherapie
Christian-Belser-Straße 79, 70597 Stuttgart
cornelia.tonn@gmx.de

Hanns-Günter Wolf

Dipl.-Psychologe, Musiktherapeut (Musikhochschule Wien), Psychotherapie (HPG), Gruppenanalytiker (DAGG), Weiterbildung in Traumatherapie (PITT). Seit 1989 klinische Tätigkeit in den Bereichen Psychosomatik, Erwachsenen-Psychiatrie und Kinderonkologie, Lehrtätigkeit an verschiedenen Fachhochschulen und Ausbildungsinstituten, freie Praxis.

Weisham 3a, 83125 Eggstätt
hanns-guenter.wolf@t-online.de

forum zeitpunkt · zeitpunkt musik

„Lärmende Stille im Kopf"
Musiktherapie in der Psychiatrie.
Musiktherapie-Tagung FMZ 2006

Hg. von Ute Rentmeister

112 S., kart.
(978-3-89500-535-0)

Dieses Buch umfasst und behandelt relevante Aspekte der Musiktherapie bei psychischen Erkrankungen. Ausschnitte aus der Praxis werden dargestellt und daraus Ansätze und Grundlagen eines theoretischen Verstehenshintergrundes entwickelt. Konzentriertes Erfahrungswissen wird anregend vermittelt.
Themen sind die Rolle der Musiktherapie in der Psychiatrie, das Wechselspiel von Musik und Sprache in der Therapie, das Konzept einer musiktherapeutischen fokalen Kurztherapie, Analogien in musikalischen und therapeutischen Prozessen, die Bedeutung und Herausbildung der „musikalischen Form" und ihr methodischer Einsatz, ein aktueller Forschungsüberblick über die Wirksamkeit von Musiktherapie bei Schizophrenie und die Darstellung der Spanne zwischen Chronifizierung und Rehabilitierung von psychischen Erkrankungen.

Aus dem Inhalt:

- Alois Fürmaier: „Kreativität versus Technisierung und Menschenverwaltung." Musiktherapie in einem psychiatrischen Großkrankenhaus
- Manfred Burghardt: „Musik ist verwandeltes Leid." Über sprachliche und nichtsprachliche Symbolisierungen in der Musiktherapie
- Dorothee Storz: „In mir fällt alles auseinander." Fokale Musiktherapie als Unterstützung zur Integration der Psychose
- Heiko Isermann: Musiktherapie in der Behandlung schizophrener Patienten. Eine Falldarstellung mit Blick auf Analogien zwischen musikalischen und therapeutischen Prozessen
- Jos de Backer: Musikalische Form und Psychose. Eine klinische Forschung
- Christian Gold: Wirksamkeit von Musiktherapie bei Schizophrenie: Eine Übersichtsarbeit von randomisierten Studien
- Walter Tröbinger: „Wie das Kaninchen der Schlange entkommt." Musiktherapie zwischen Rehabilitierung und Chronifizierung

forum zeitpunkt · zeitpunkt musik

Zur Idee des therapeutischen Nachnährens – was kann Musiktherapie leisten?
Hg. von Dorothee von Moreau
und Andreas Wölfl
2002. 8°. 112 S., kart.
(978-3-89500-295-3)

Tiefenpsychologisch orientierte Musiktherapie
Bausteine für eine Lehre
Von Tonius Timmermann
2004. 8°. 152 S., geb.
(978-3-89500-399-8)

Empfinden – Hören – Sehen. Welche Zugänge wählen nonverbale Psychotherapien? Am Beispiel der Diagnose: Persönlichkeitsstörung
Hg. von Tonius Timmermann
2004. 8°. 180 S., 1 s/w- und 31 Farbabb.,
kart. (978-3-89500-379-0)

Musiktherapie und Schmerz
16. Musiktherapietagung am Freien
Musikzentrum München e. V.
(1. bis 2. März 2008)
Hg. von Monika Nöcker-Ribaupierre
2009. 8°. 124 S., 27 Diagramme, kart.
(978-3-89500-639-5)

Musiktherapie und Trauma
15. Musiktherapietagung am Freien
Musikzentrum München e.V.
(3. bis 4. März 2007)
Hg. von Hanns-Günter Wolf
2007. 8°. 148 S., 25 s/w- Abb., 4 Tab., kart.
(978-3-89500-608-1)

»Ich wachse, wenn ich Musik mache«
Musiktherapie mit chronisch kranken und
von Behinderung bedrohten Kindern.
13. Musiktherapietagung am Freien
Musikzentrum München e. V.
(5. bis 6. März 2005)
Hg. von Barbara Müller-Oursin
2006. 8°. 108 S., kart.
(978-3-89500-472-8)

Verschmerzen
Musiktherapie mit krebserkrankten Frauen
und Männern im Spannungsfeld von
kurativer und palliativer Behandlung
Hg. von Almut Seidel
208 S., 41 Abb., kart.
(978-3-89500-457-5)

ZwischenWelten
Musiktherapie bei Patienten
mit erworbener Hirnschädigung
Hg. von Monika Baumann
und Christian Gessner
2004. 8°. 340 S., 3 s/w-Abb., kart.
EUR 29,90 (978-3-89500-371-4)

„Schläft ein Lied in allen Dingen..."
Musikwahrnehmung und Spiellieder
bei Schwerhörigkeit und Gehörlosigkeit
Von Ulrike Stelzhammer-Reichhardt
und Shirley Salmon
2008. 8°. 236 S., 67 s/w-Abb., 8 Tab., kart.
(978-3-89500-609-8)